Mangez équilibré

80 recettes pour petits budgets

Sélection du Reader's Digest

PARIS . BRUXELLES . ZURICH . MONTRÉAL

Mangez équilibré
80 recettes pour **petits budgets**

est une réalisation de Sélection du Reader's Digest.

Nous remercions tous ceux qui ont collaboré à cet ouvrage

Recettes
Élisa Vergne : conseiller et auteur

André Cabal, Émilia Charmes-Anastastassova, Henri Guiton, Hawa Kafando, Élisabeth Keller, Catherine Lot, Paulette Mordant, Anny et **Thiébaut Schascherer** : bénévoles de la Croix-Rouge
Olivier Deleval : restaurant La Coquille à Lille, **Fernand Graff** : restaurant Winstub le Clou à Strasbourg, **Stéphane Lachaize** restaurant L'Escale Provençale à Bordeaux, **Fabrice Moya** : restaurant Fabrice Moya à Lyon, **Myriam** et **Olivier** : restaurant Brins d'Épices à Lille

Et en particulier Cyril Lignac : restaurant Le Quinzième à Paris, **Jacques** et **Laurent Pourcel** : restaurant Le Jardin des Sens à Montpellier

Photos
Christian Adam, Mikhaël Roulier, Olivier Maynard

Stylisme
Catherine Nicolas, Dominique Gustin, Emmanuel Turiot

Accor Services
Julie Grégoire : directeur marketing
Laurence Aubry : chef de projet
Élisa Arnaud : diététicienne

Croix-Rouge française
Nicole Fourn : responsable du pôle partenariat entreprises
Amandine Mégard-Bordier : chef de projets
Véronique Coulmont, Céline Nassir Addalil, Marie Paindorge : chargées de programme

Sélection du Reader's Digest
Gérard Chenuet : directeur éditorial
Élizabeth Glachant : secrétariat général
Dominique Charliat : direction artistique
Didier Pavois : maquette & couverture
Béatrice Argentier : lecture-correction

Prépresse
Damien Noirot

ISBN 978-2-7098-1882-7

Avant-propos

Quelle est la situation nutritionnelle des personnes recourant à l'aide alimentaire en France ? À cette question, l'étude ABENA, menée par l'INVS (Institut national de veille sanitaire) en mars 2006, répondait par un constat alarmant : obésité, hypertension, carences vitaminiques.

« Développer notre engagement de solidarité contre l'exclusion sociale » est l'un des objectifs stratégiques majeurs de notre association. Avec près de 600 délégations actives dans l'aide alimentaire, la Croix-Rouge française s'est engagée, pour mieux respecter la dignité des personnes accueillies, à mettre en place un plan national d'amélioration de la qualité de l'aide alimentaire.

Adapter son action aux besoins des personnes est un véritable défi, qui passe par une plus grande diversité et par le libre choix des produits, par des heures d'ouverture plus souples de nos dispositifs d'aide alimentaire, par l'accès à des conseils nutritionnels…

Les questions de santé publique et de nutrition nous concernent tous : il s'agit alors de sensibiliser chacun, à travers un projet commun rendant l'équilibre alimentaire accessible au plus grand nombre. Élaborer des recettes pas chères, rapides et équilibrées, tel est l'exercice auquel se sont livrés ensemble des chefs et des cuisiniers de tous les jours, croisés dans les points de distribution alimentaire et les épiceries sociales de la Croix-Rouge. Cet ouvrage paru avec l'appui de Tickets Restaurant®, de l'UMIH (Union des métiers de l'industrie hôtelière) et de Sélection du Readers's Digest, rassemble leurs meilleures recettes.

La Croix-Rouge est heureuse de pouvoir mettre en avant, dans cet ouvrage, les compétences, l'imagination et l'ingéniosité que déploient, au travers des actions menées quotidiennement, les bénévoles et les personnes qu'ils accueillent.

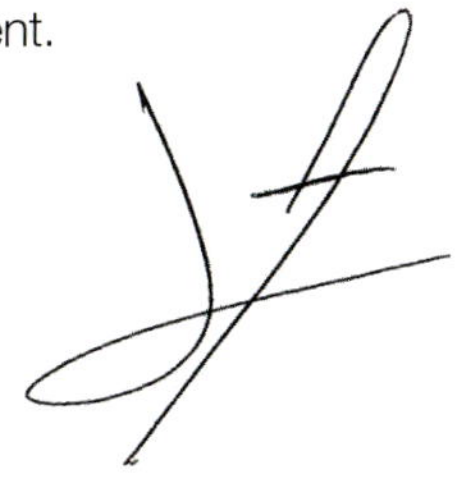

Professeur Jean-François MATTEI
Président de la Croix-Rouge française

Cuisiner à petit prix

Pour chaque recette, vous trouverez une indication de prix symbolisée par une pièce de 1 euro. Le nombre de pièces indique le coût de la recette par personne, montant qu'il faut bien sûr multiplier par le nombre de convives pour obtenir le coût total. Une façon simple et rapide de prévoir votre budget repas.

Moins de 1 euro

Moins de 2 euros

Sommaire

Conseils pour manger équilibré à petit prix

Symboles

✚ *Recettes fournies par des bénévoles et des bénéficiaires de la Croix-Rouge française*

recettes fournies par des restaurateurs adhérents au programme Alimentation & Équilibre®

Entrées

Plats

Desserts

Préface

Prouver que le plaisir de manger peut rimer avec une alimentation variée et équilibrée, c'est le défi du programme Alimentation & Équilibre® développé par Ticket Restaurant®.

On est ce que l'on mange : une lapalissade ! Chaque minute, deux cents millions de nos cellules meurent et laissent la place à de nouvelles, qui utilisent pour se constituer les aliments qu'on leur apporte. D'où l'importance d'une nourriture saine et équilibrée.

Depuis quarante-cinq ans, Ticket Restaurant® apporte à ses utilisateurs la liberté de choix et de cadre pour déjeuner. Exigeants et informés, ceux-ci souhaitent désormais trouver une offre simple et facilement repérable, conçue selon les principes d'une alimentation équilibrée. Ticket Restaurant® s'est engagé avec des restaurateurs pour satisfaire leurs attentes.

Ticket Restaurant® a pris l'initiative d'un programme innovant intitulé Alimentation & Équilibre®, représenté par sa mascotte Gustino®. Il a été rigoureusement élaboré par un comité d'experts internationaux composé de nutritionnistes et de restaurateurs. Il s'appuie sur les grands principes nutritionnels que nous avons rassemblés dans un guide pratique remis à chacun de nos restaurateurs affiliés et adhérents au programme. Accompagnés par nos diététiciens, ils peuvent ainsi concevoir des plats respectant les règles d'une alimentation variée et équilibrée. Avec ce programme, les restaurateurs apportent à nos utilisateurs une bonne réponse à la recherche d'une nouvelle façon d'aborder la pause déjeuner, sans renoncer, bien sûr, au plaisir de partager son repas.

C'est dans ce cadre que Ticket Restaurant® a souhaité participer à cet ouvrage, en partenariat avec Sélection du Reader's Digest et l'UMIH (Union des métiers de l'industrie hôtellière) pour soutenir la Croix-Rouge française dans son plan pour la modernisation des actions d'aide alimentaire.

Serge RAGOZIN
Directeur général
Accor Services

Conseils pour manger équilibré à petit prix

Des repères pour une alimentation équilibrée

Le programme Alimentation & Équilibre®, développé par Ticket Restaurant®, s'appuie sur trois critères fondamentaux :

- le choix des ingrédients ;
- les modes de préparation ;
- les proportions entre légumes, féculents, viandes, poissons et œufs.

TYPE D'INGRÉDIENT	PRINCIPE GÉNÉRAL	NOS CONSEILS PRATIQUES
Fruits et légumes	Au moins 5 par jour	- À chaque repas et en cas de petit creux - Crus, cuits, nature ou préparés - Frais, surgelés ou en conserve
Pain, céréales, pommes de terre et légumes secs	À chaque repas et selon l'appétit	- Favorisez les aliments céréaliers complets ou le pain bis - Privilégiez la variété
Lait et produits laitiers	3 par jour	- Privilégiez la variété - Privilégiez les fromages les plus riches en calcium, les moins gras et les moins salés
Viandes et volailles, produits de la pêche et œufs	1 à 2 fois par jour	- En quantité inférieure à celle de l'accompagnement - Viandes : privilégier la variété des espèces et les morceaux les moins gras
Matières grasses ajoutées	Limiter la consommation	- Privilégiez les matières grasses végétales (huile d'olive, de colza...) - Favorisez la variété - Limitez les graisses d'origine animale (beurre, crème...)
Produits sucrés	Limiter la consommation	- Réservez les boissons sucrées et les aliments gras et sucrés à la fois (pâtisseries, crèmes dessert, chocolat, glaces...) pour des occasions particulières
Boissons	De l'eau à volonté	- Au cours et en dehors des repas - Limitez les boissons sucrées (privilégiez les boissons light) - Boissons alcoolisées : ne pas dépasser, par jour, 2 verre de vin (de 10cl) pour les femmes et 3 pour les hommes. 2 verres de vins sont équivalents à 2 demis de bière ou 6 cl d'alcool fort
Sel	Limiter la consommation	- Chez vous, préférez le sel iodé - Ne resalez pas avant d'avoire goûté - Réduisez l'apport de sel dans les eaux de cuisson - Limitez les fromages et les charcuteries les plus salés et les produits apéritifs salés
Activité physique	Au moins l'équivalent de 30 minutes de marche rapide par jour	- À intégrer dans la vie quotidienne (marcher, monter les escaliers, faire du vélo...)

Conseil pour bien acheter : les règles d'or

Respectez les saisons

Ne gaspillez pas votre argent dans des produits fades importés hors saison. Profitez au contraire des périodes propres à chaque produit pour engranger en prévision des jours moins fastes (voir tableau ci-dessous).

Achetez en quantité

Achetez au moment où les produits sont le moins chers. Vous congèlerez le surplus ou bien vous ferez des conserves.

- **Fournissez-vous directement chez les producteurs.** Achetez un demi-veau ou un demi-agneau, que vous ferez découper et que vous congèlerez. Dans des champs ouverts au public, cueillez vous-même haricots verts, petits pois, framboises, etc., pour les congeler.
- **Conditionnements en grande quantité.** Conserves et liquides sont plus avantageux en quantité qu'en petits conditionnements fractionnés. Vérifiez toutefois que vous pourrez les utiliser en totalité.
- **Pas de fiasques** d'alcool (kirsch, porto, madère, cognac), beaucoup plus onéreuses que les bouteilles.
- **L'eau en pack.** Attention ! certains magasins facturent parfois au prix (très) fort les unités séparées, notamment dans le cas des bouteilles de 50 cl.
- **Achetez en filets** citrons, oranges, pommes, pommes de terre, oignons, avocats.

Faites-le vous-même

- **Cueillez** des baies sauvages (mûres, myrtilles, fraises des bois), des noisettes, des champignons ; ramassez des châtaignes.
- **Préparez ce que vous prévoyez de servir,** vous dépenserez moins d'argent. Les pâtes fraîches, plus chères que les sèches, deviennent bon marché si on fait soi-même la pâte. Même en petites quantités, vos confitures seront toujours meilleures et moins onéreuses que celles du commerce. Confectionnez du pain d'épice, du tarama, du guacamole, que vous pourrez congeler, des glaces, des sablés, des tuiles, etc. Parfumez vos huiles et vos vinaigres.

PETIT CALENDRIER DE LA PLEINE SAISON DES PRODUITS FRAIS

POISSONS	LÉGUMES	FRUITS
Anchois : d'août à octobre	**Asperge :** de mars à juin	**Abricot :** de mai à août
Grondin : de septembre à mai	**Aubergine :** de juin à octobre	**Cassis :** de mi-juin à mi-août
Hareng : de novembre à décembre	**Châtaigne :** d'octobre à décembre	**Cerise :** de mai à juillet
Limande : de mai à octobre	**Chou frisé :** de décembre à mars	**Clémentine :** de novembre à février
Maquereau : de mars à septembre	**Chou nouveau :** mars-avril	**Fraise :** de mi-avril à octobre
Merlu (colin) : de mars à juillet	**Citrouille :** de septembre à mars	**Framboise :** de juin à septembre
Mulet : de janvier à février, d'octobre à décembre	**Concombre :** d'avril à septembre	**Groseille :** de juin à septembre
Rouget barbet : de septembre à décembre	**Courges :** de septembre à mars	**Melon :** de juin à octobre
Sardine : d'avril à octobre	**Courgette :** de mai à novembre	**Mirabelle :** de mi-août à septembre
Thon : d'avril à décembre	**Cresson :** de septembre à mai	**Mûre :** mi-août-septembre
Vive : de mai à octobre	**Endive :** d'octobre à avril	**Nectarine :** de juillet à septembre
Bulot : de février à juillet, d'octobre à décembre	**Épinard :** de février à juin ; en été, la tétragone	**Orange :** de novembre à juin
Seiche : avril-mai, de septembre à février	**Fenouil :** de juin à octobre et de décembre à mai	**Pastèque :** de juin à septembre
Coquille Saint-Jacques : d'octobre à mai	**Haricot à écosser :** de juillet à octobre	**Pêche :** de juin à septembre
Coque : d'octobre à avril	**Haricot vert :** de juillet à octobre	**Poire :** d'août à mai
La plupart des autres variétés de poissons courants sont disponibles toute l'année, au gré de la pêche.	**Patidou :** de septembre à mars	**Prune :** juillet-août
	Poireau : de septembre à juillet	**Raisin :** d'août à novembre
	Poivron : de juin à octobre	**Reine-claude :** de mi-août à septembre
	Potiron : de septembre à mars	**Rhubarbe :** mai-juin, septembre-octobre
	Salsifis : de décembre à février	
	Tomate : de mars à octobre	

Le bon choix

Les légumes et les fruits

Hors saison, les surgelés sont meilleur marché. Idem pour les fines herbes, surtout si vous n'avez pas l'utilisation d'un bouquet entier.

- **Les tomates en grappes,** plus chères, ne sont pas toujours meilleures que les tomates traditionnelles.
- **Les carottes** en vrac sont moins chères que les carottes vendues en bottes.
- **Les haricots mangetout** sont plus abordables que les haricots extrafins.
- **Les pommes de terre.** Choisissez plutôt la BF 15, la charlotte ou la bintje, qui ne voient pas leur prix flamber et permettent de réaliser toutes les préparations courantes.
- **Les salades.** Achetez-les en vrac, car les produits vendus en sachets sont pratiques mais plus onéreux.
- **Les poireaux.** Pour certaines préparations, les blancs de poireau sont plus avantageux que les poireaux entiers, surtout si leur fût est très court.
- **Les légumes secs.** Ne les boudez pas. Ils sont vraiment bon marché, faciles à stocker et d'une excellente qualité nutritionnelle. Haricots, lentilles, fèves, pois chiches, pois cassés sont source de protéines végétales, de glucides complexes, de fibres et de micronutriments variés.
- **Les fruits entiers.** Pour les fruits à couteau (pommes, poires, pêches, nectarines, oranges, etc.) et pour les bananes, choisissez de préférence un petit calibre : vous en aurez plus dans 1 kg.

Le riz

Préférez-le nature, il est moins cher que le riz parfumé ou mélangé à d'autres légumes. Il est également plus avantageux si vous l'achetez simplement conditionné ou en vrac et non pas dans des sachets de précuisson.

Le poisson

- **Surgelé,** il conserve toute sa valeur nutritionnelle et ne comporte pas de déchets. Préférez les grands conditionnements, toujours meilleur marché. Évitez les produits cuisinés ou précuisinés (portions panées par exemple), qui restent chers.
- **Origine.** La nouvelle réglementation européenne prévoit un étiquetage très clair, indiquant s'il s'agit d'un poisson d'élevage ou d'un poisson sauvage. Le poisson d'élevage est toujours moins cher, parfois aussi moins savoureux. Au bord de la mer, vous avez intérêt à aller à la criée lorsque les petits bateaux rentrent au port.
- **Entier ou en filets ?** Comparez les prix : les filets sont parfois plus avantageux (dans un poisson entier il y a environ 40 % de déchets). Toutefois, le colin (dont l'appellation officielle est merlu) entier est moins cher qu'au détail. Servez ce poisson chaud une première fois, puis présentez le reste froid à un autre repas.
- **Filets ou pavés ?** Certains poissonniers vendent le saumon en filets ou en pavés au même prix que le saumon en tranches ; celles-ci comportent un peu plus de déchets. Vérifiez le poids des pavés, souvent taillés trop généreusement : pour 4 personnes, achetez 2 pavés de 300 g ou 1 pavé de 600 g et recoupez-les vous-même avant ou après la cuisson.
- **Un poisson peut en remplacer un autre.** Dans les recettes classiques, remplacez le cabillaud (dont le prix grimpe) par du lieu noir.

Et le colin ?

- *Le terme colin, employé en région parisienne, n'est pas une appellation officielle : il s'agit en réalité du merlu (et le colinot est le merluchon).*
- *En revanche, le lieu noir a l'autorisation de porter le nom de colin ou de colin-lieu.*

Le congre

Sachez que c'est la partie le plus près de la tête qui comporte le moins d'arêtes.

Le meilleur moment

- *Achetez du thon frais uniquement en pleine saison. Des portions de 100 g par personne sont suffisantes, car la chair est très tassée.*
- *Quant au bar, saviez-vous qu'il est plus abondant lorsqu'il y a des tempêtes, ce qui fait baisser son prix ?*

Entre du lieu noir et du lieu jaune au même prix, prenez du lieu jaune, dont la saveur est plus fine. La dorade rose, la dorade grise et la sébaste, qui présentent une chair assez semblable, sont meilleur marché que la dorade royale. Le haddock (églefin fumé) peut être remplacé par du poisson vendu sous la dénomination « poisson fumé », à un prix plus bas. Moins fine que la sole, la limande-sole est aussi moins chère ; elle se prépare de la même façon.

Coquillages et crustacés

- **Les moules.** Vers le mois de février, elles maigrissent et n'offrent que peu de chair dans une grande coquille. Cela dure 3 mois environ.
- **Les coquilles Saint-Jacques.** Mieux vaut les acheter dans leur coquille. Demandez au poissonnier de les ouvrir. Souvent très chères, surtout lorsqu'il y a eu de la tempête, elles voient leur prix baisser par temps calme. Si elles sont abondantes, elles sont souvent vendues par 3 kg (ce qui convient pour 4 personnes) à un prix avantageux. Vous pouvez les congeler immédiatement après les avoir rapidement rincées. Vous les ferez décongeler au réfrigérateur dans du lait coupé d'eau. Les coquilles sans corail (généralement en début de saison, soit octobre-novembre) sont tout aussi savoureuses que les coquilles avec corail.
- **Les langoustines.** Les non calibrées sont beaucoup moins chères que les belles (20/6 : 9 euros le kilo).
- **Les bulots.** Ils sont meilleur marché crus et seront plus savoureux si vous les faites cuire vous-même. C'est facile. Faites-les tremper 15 minutes dans de l'eau salée ou vinaigrée. Égouttez-les, plongez-les dans un court-bouillon froid très poivré et faites-les cuire 20 minutes, sans laisser bouillir. Laissez refroidir dans le liquide de cuisson.
- **Pour les bigorneaux,** procédez de la même façon, mais le temps de cuisson n'est que de 10 minutes.
- **Tarama** en grande quantité. Vous avez intérêt à le préparer vous-même soit avec des œufs de cabillaud fumés, soit avec du tarama (préparation de base vendue dans les épiceries grecques), dont il ne faut que 1 cuillerée à café pour confectionner tout 1 bol.

La viande

- **Rôti sans barde.** Il faut savoir que la barde qui entoure les rôtis (qui ne doit pas excéder 10 %) est vendue au prix de la viande. Mieux vaut donc acheter de la viande non bardée.
- **Les bas morceaux** à mijoter ou à bouillir (par opposition aux morceaux nobles à griller ou à rôtir) sont intéressants et par leur prix et par les multiples recettes dans lesquelles ils peuvent entrer. Les joues de porc et les joues de veau, vendues chez les tripiers et chez certains bouchers, sont moins chères que des morceaux dits nobles et tout aussi savoureuses.
- **Les abats.** Certains abats comme le foie, les rognons, le cœur sont peu onéreux, moins riches en lipides (graisses) que la viande et excellents sur le plan nutritionnel. Le foie d'agneau est souvent préféré au foie de veau tant pour le goût que pour le coût.
- **Emballé, ce n'est pas donné !** Le jambon vendu à la coupe est moins cher au kilo que le jambon vendu tout emballé. Le lard vendu au poids est moins cher que des lardons tout prêts et se garde plus longtemps. Vous l'utiliserez au fur et à mesure de vos besoins et vous pouvez retirer aisément la couenne et les cartilages, voire le dégraisser.

Idée de présentation de légumes crus

- *Des strates de poivron en dés et de rouleaux de courgettes taillées en lamelles, le tout orné de ciboulette en fleur et de graines de césame.*

Conseils pour manger équilibré à petit prix

Volailles, lapin, gibier

• **Choisissez lapins et volailles en connaissance de cause :** les produits à label sont plus savoureux que ceux qui n'en ont pas (sauf si vous vous les procurez directement chez l'éleveur). Vérifiez sur l'étiquette le nombre de jours, le mode d'élevage et l'alimentation qui leur a été donnée.

• **Vérifiez la date limite de consommation** pour les volailles et les viandes vendues en barquettes ou sous film et n'attendez pas le dernier jour pour les consommer. Si elles doivent être préparées en sauce, mieux vaut les cuisiner à l'avance et les conserver au réfrigérateur ou au congélateur.

• **Préférez les bêtes entières,** car elles coûtent moins cher que les découpes, surtout s'il s'agit de lapin. Les cuisses de poulet avec une portion de dos voient leur poids (et donc leur prix) augmenté de cette portion, qui ne comporte que de l'os. Quant au lapin, gardez les devants pour faire des rillettes ; utilisez la tête pour parfumer la sauce ou une soupe de légumes.

• **Le gibier surgelé** est bien plus abordable que le gibier frais vendu chez le boucher ou le volailler.

Les œufs

Inutile d'acheter de gros œufs. Ceux de 60/65 g sont le plus couramment employés en cuisine, sauf mention spéciale dans la recette. Réservez les œufs coque ou extrafrais à la dégustation. Pour la cuisine, contentez-vous d'œufs « frais ». Vérifiez les dates sur l'emballage.

Les produits laitiers

• **Achetez en fonction de vos besoins :** optez plutôt pour les briques de petite contenance (lait, crème fraîche, sauce Béchamel, crème anglaise, etc.) afin de ne pas risquer de perdre la quantité non employée. Les packs de 2, 3 ou 4, voire 6 pour le lait, sont intéressants si vous savez où les stocker.

• **Les yaourts.** Faites-les vous-même ou achetez-les par paquets de 8 ou de 16 (sans oublier de vérifier la date limite de consommation). Préférez-les nature, cela revient moins cher, et aromatisez-les vous-même avec du miel, de la confiture ou des fruits frais : c'est meilleur !

Les fromages

Le fromage en morceaux est meilleur marché que s'il est acheté déjà râpé. Lorsque les camemberts sont proposés par 2, choisissez-en un bon à consommer immédiatement, conservez le second (moins fait ou pas du tout) dans le bac à légumes du réfrigérateur, où il s'affinera peu à peu. Achetez les petits fromages (saint-marcellin, crottins, cabécous, rocamadours) par 2 ou 3 quand c'est possible. Ils sont plus avantageux que s'ils sont vendus à la pièce et se conservent parfaitement.

Pain, viennoiserie, biscuits

• **Achetez brioches rassises et madeleines en sacs** chez le boulanger pour fabriquer des desserts : pommes au four à la normande, crumble, etc.

• **Un Panettone** « bas de gamme » comportant très peu de fruits (secs ou confits) peut remplacer avantageusement une génoise ou un biscuit de Savoie. Conservez le surplus bien emballé. Vous pourrez le griller pour le petit déjeuner.

• **Biscuits à la cuillère.** Préférez une grande boîte dans laquelle les biscuits sont emballés par 3 ou par 6, le surplus se conservera aisément puisque les paquets n'auront pas été ouverts.

Si les volailles sont bien fraîches *et que vous souhaitez n'en consommer qu'une partie, coupez le reste en morceaux et congelez-les.*

Indispensable :
la liste des courses

• Partez avec une liste de courses et essayez de vous y tenir le plus possible. Il y a de notables différences de prix d'une grande surface à l'autre : comparez et, si vous en avez le temps et la possibilité, faites deux listes séparées (essentiellement pour l'épicerie) afin de profiter des avantages proposés par chacun des magasins.

Où acheter ?

Au supermarché

• **Les prix.** Pas facile de comparer les prix pour des poids différents. Plutôt que de sortir la calculette, reportez-vous au prix au kilo ou au litre inscrit sur l'étiquette. Pensez aussi à vous baisser : les rayons du bas sont généralement réservés aux denrées les moins chères. Les grandes centrales ont maintenant leur propre marque, souvent moins chère que les autres, n'hésitez pas à tester leurs produits.

• **Les promotions.** Vérifiez qu'elles sont réellement intéressantes : la mention « offre spéciale » apposée sur un poulet signifie souvent que la date limite de consommation est atteinte. Pour les lots, vérifiez le prix à l'unité. Profitez des promotions offertes si vous savez que vous pourrez réellement consommer les produits proposés. Pour tous les produits frais emballés, vérifiez la date limite de consommation et choisissez toujours le lot comportant la date limite la plus éloignée. Livrez-vous à un rapide calcul pour savoir si vous aurez vraiment le temps de consommer la totalité de ces produits. Dans le cas contraire, il ne s'agit plus d'une réelle économie ! Profitez sans remords des lots de produits qui se conservent bien : tablettes de chocolat, café, biscuits, etc.

Sur les marchés

• **Chez le poissonnier.** Les poissonneries étant de plus en plus rares, c'est sur le marché que vous trouverez le plus grand choix de poissons frais. Allez-y sans idée préconçue, car les fluctuations de la pêche sont telles qu'on ne sait jamais ce qu'on trouvera à l'étal. Fournissez-vous toujours chez le même poissonnier, qui saura vous conseiller et se gardera de vous vendre les restes du marché précédent.

• **Chez le marchand de fruits et légumes.** Fruits et légumes y sont (souvent) moins chers qu'en supermarché et plus frais. Profitez des offres du genre 3 kg de tomates pour le prix de 2, etc., mais faites-le en sachant exactement ce que vous achetez. Si ces produits sont trop avancés pour être conservés plus de 24 heures, vous devez être sûr de pouvoir les transformer le jour même en sauces, coulis ou compotes.

• **Chez le grainetier.** Outre le riz et les légumes secs, vous y trouverez un grand choix d'olives, des fruits secs, séchés et confits vendus en vrac, de la noix de coco, des pistaches, de la poudre d'amandes ou de noisettes beaucoup moins chers que ceux vendus sous marque dans des emballages scellés. Conservez les fruits secs dans des boîtes hermétiques, rangez les poudres dans leur sac plastique fermé dans le bac à légumes du réfrigérateur.

En boutiques spécialisées

• **Épiceries fines et boutiques de produits exotiques.** Achetez les épices en vrac, cela vous reviendra moins cher, car vous ne paierez ni l'habillage ni le flacon. Achetez-les en petite quantité, car elles s'éventent rapidement, transvasez-les dans des bocaux et conservez-les à l'abri de la lumière. Si possible, achetez-les non moulues (elles se conserveront plus longtemps) et utilisez un moulin à épices. La crème de noix de coco en pains solides, qu'on trouve dans les boutiques de produits asiatiques, est plus économique qu'en flacon ou en boîte : il suffit en effet de prélever la quantité désirée, de refermer le paquet et de le garder au réfrigérateur, alors qu'il faut utiliser rapidement un flacon ou une boîte de conserve entamés.

• **Magasins de produits diététiques.** Vous y achèterez du bouillon de légumes en poudre. Une boîte de 300 g qui peut paraître chère à l'achat est plus économique que des tablettes instantanées. Son dosage est facile et vous pourrez vous en servir comme fond de sauce.

Printemps

Entre copains

Crème rubis glacée 24

Brochettes de dinde en pita 54

Salade verte

Yaourt nature

fruit frais de saison

Crème rubis glacée

Menu dominical

Salade de légumes râpés 26

Filet de poulet à l'estragon, purée de pomme de terre et de poireaux 58

Fromage blanc à 0%

Coupes pralinées à la rhubarbe 90

Filet de poulet à l'estragon, purée de pomme de terre et de poireaux

Dimanche à la campagne

potage au fenouil 20

Jarret de porc grillé 64

Allumettes de céleri à la tomate 80

Riz au lait, tartare de pommes vertes 88

Jarret de porc grillé

Dîner en famille

Salade de tomates en vinaigrette

Moussaka aux courgettes 68

Petits-suisses nature

Salade de fruits frais 94

Moussaka aux courgettes

Été

Entre copains

Bohémienne de légumes glacée 30

Filets de maquereau sur lit de poireaux 46

Légumes de saison

Bavarois à la citronnelle 88

Filets de maquereau sur lit de poireaux

Dîner en famille

Tarte tiède aux lisettes, tomates et oignons confits 32

Rosace d'artichauts du soleil 70

Fromage blanc à 0%

Fruit frais de saison

Rosace d'artichauts du soleil

Menu dominical

Salade d'aubergine grillée 26

Poulet au citron épicé 60

Purée aux trois légumes 72

Yaourt nature

Cocktail de fruits meringués en sorbet façon vacherin 95

Cocktail de fruits meringués en sorbet

Exotique

Tsatsiki 24

Pansit 60

Minestrone de fruits au jus parfumé au basilic 93

Tsatsiki

Automne

Dîner dominical

Soupe de petits pois à la menthe 22
Couscous algérien 70
Fruit de saison

Soupe de petits pois à la menthe

Entre copains

Soupe de tomates 22
Jambonneau au madère 68
Purée de patidou 76
Petits-suisses nature
Crumble pomme-poires 86

Purée de patidou

Pour recevoir

Salade grecque 28
Haut de cuisse de poulet à la tomate 62
Ratatouille à la citrouille 76
Pâte de yaourt aux fruits rouges 87

Pâte de yaourt aux fruits rouges

Dîner gourmand

Petits oignons aux raisins secs 29
Encornets farcis aux légumes 52
Fromage blanc à 0 %
Couronne de pommes aux kiwis 84

Petits oignons aux raisins secs

Hiver

Dîner gourmand

Poireaux gribiche 31

Tartare de thon et d'avocat 53

Fromage de chèvre frais

Salade verte

Zéphyr du verger 94

Poireaux gribiche

En famille

Salade de pot-au-feu 28

Tourte aux épinards 72

Yaourt nature

Fruit frais de saison

Tourte aux épinards

Entre copains

Velouté de courgettes au cerfeuil 20

Champigons farcis 66

Petits-suisses nature

Pommes au four à la normande 92

Pommes au four à la normande

Pour recevoir

Salade de carottes au jus d'orange et au cumin 27

Escalopes de dinde à l'ail doux 54

Timbales de riz panachées 36

Fromage frais, compote maison façon crumble 86

Timbales de riz panachées

Mangez équilibré

80 recettes pour **petits budgets**

Soupes & entrées

Velouté de courgettes au cerfeuil

Pour 4 personnes

. 500 g de courgettes
. 2 gousses d'ail
. 30 g de fromage frais aux fines herbes
. 1 petit bouquet de cerfeuil
. sel, poivre (facultatif)

Préparation : 10 minutes **Cuisson :** 15 minutes

1 Pelez les courgettes et coupez-les en rondelles de 1 cm d'épaisseur.

2 Portez 1 litre d'eau à ébullition. Salez. Ajoutez les courgettes. Couvrez et faites cuire 15 min.

3 Rincez le cerfeuil, ôtez les grosses queues et ciselez les feuilles. Pelez l'ail, retirez le germe et pressez les gousses au-dessus des courgettes. Ajoutez le fromage aux herbes et le cerfeuil. Passez la soupe au mixeur plongeant. Rectifiez l'assaisonnement.

Potage au fenouil

Pour 4 personnes

. 2 bulbes de fenouil
. 150 g de pommes de terre
. 150 g de carottes
. 1 oignon
. 2 tomates
. 1 gousse d'ail
. huile d'olive
. 10 cl de crème fleurette à 15 %
. persil haché
. 1 tablette de bouillon cube
. sel, poivre

Préparation : 15 minutes **Cuisson :** 30 minutes

1 Épluchez et lavez les légumes ; pelez et épépinez les tomates.

2 Coupez tous les légumes en petits dés.

3 Faites chauffer un peu d'huile dans une cocotte et mettez doucement les légumes à revenir.

4 Remuez quelques minutes puis verser 1 litre d'eau. Salez, poivrez et ajoutez le bouillon cube. Couvrez et laissez cuire à petits bouillons pendant 30 min.

5 Réservez une louche de dés de légumes et passez le reste au mixeur.

6 Mélangez les dés et les légumes mixés, versez la crème fleurette et parsemez de persil haché. Servez aussitôt.

Velouté de courgettes au cerfeuil

Variante

- *Faites cuire les courgettes dans 1 litre de bouillon de volaille. Ajoutez la chair d'un petit avocat et l'ail avant de mixer. Incorporez le cerfeuil ciselé et relevez d'un peu de piment en poudre.*

Potage au fenouil

Petit plus

- *Pour donner un petit air de fête à cette recette toute simple, déposez un brin de céleri en branche sur chaque assiette.*

Soupe de tomates

Pour 4 personnes

. 1 kg de tomates bien mûres
. 2 blancs de poireau
. 2 gousses d'ail nouveau
. 1 cuill. à café de concentré de tomates
. 3 branches de persil plat
. 1 branche de céleri
. 2 branches de thym
. 1 feuille de laurier
. 1 poignée de vermicelle
. 1 cuill. à soupe d'huile d'olive
. 20 g de beurre
. 2 pincées de sucre
. sel, poivre

Préparation : 15 minutes **Cuisson :** 30 minutes

1 Ôtez les racines et la première feuille des poireaux. Lavez-les, puis coupez-les le plus finement possible.

2 Faites chauffer l'huile d'olive dans une casserole. Ajoutez les poireaux, laissez-les fondre 10 min à couvert.

3 Lavez les tomates, essuyez-les et ôtez le pédoncule. Coupez-les en morceaux, réduisez-les en purée au robot, puis tamisez cette préparation pour éliminer les morceaux de peau et les pépins. Pelez l'ail et écrasez-le au presse-ail.

4 Rincez le persil et hachez finement les feuilles. Liez ensemble les queues du persil, le céleri, le thym et le laurier.

5 Ajoutez les tomates aux poireaux ainsi que le concentré de tomates, le persil haché, l'ail, le sucre et le bouquet d'herbes. Salez. Couvrez et laissez cuire 15 min à petits frémissements.

6 Retirez le bouquet d'herbes. Versez le vermicelle dans la soupe et laissez cuire pendant 5 min.

7 Incorporez le beurre en dés. Poivrez et rectifiez l'assaisonnement.

Soupe de petits pois à la menthe

Pour 6 personnes

. 1 kg de petits pois moyens ou fins congelés, frais ou en conserve
. 1 bouquet de menthe fraîche
. 2 cubes de bouillon de volaille
. 25 cl de crème liquide à 15 %
. 100 g d'allumettes de jambon

Préparation : 30 minutes **Cuisson :** 20 minutes
Réfrigération : 3 heures

1 Mettez les cubes de bouillon dans une casserole avec 1 litre d'eau et ajoutez les petits pois ; faites-les cuire à l'eau frémissante pendant environ 20 min.

2 Égouttez en réservant le bouillon de cuisson et quelques petits pois pour la garniture.

3 Mixez (ou passez au moulin à légumes) les petits pois avec les feuilles de menthe et la crème.

4 Si le mélange paraît trop épais, ajoutez un peu de bouillon.

5 Pour servir glacé : mettez au réfrigérateur la veille ou 3 h avant de servir. Décorez avec les petits pois réservés et 2 feuilles de menthe.

6 Pour servir chaud : ajoutez le jambon.

Soupe de tomates

Variante

- *À la place du vermicelle, liez la soupe avec 2 cuill. à soupe de crème de riz délayée dans 2 cuill. à soupe d'eau froide.*

Tour de main

- *Si l'ail n'est pas nouveau, coupez les gousses en deux et retirez le germe qui se trouve au centre.*

Antigaspi

- *Hors saison, remplacez les tomates par 1 litre de jus de tomate ou par des tomates en boîte avec leur jus.*

Soupe de petits pois à la menthe

Variante

- *Pour plus de goût, vous pouvez remplacer le jambon par des petits lardons fumés.*

Crème rubis glacée

Pour 4 personnes

- 2 betteraves cuites d'environ 200 g chacune
- 5 petits oignons blancs
- 1 tablette de bouillon de pot-au-feu
- 2 cuill. à soupe de jus de citron
- 2 cuill. à soupe de crème fraîche épaisse
- sel, poivre

Préparation : 10 minutes **Cuisson :** 2 minutes
Réfrigération : 3 heures minimum

1 Faites bouillir 40 cl d'eau et faites fondre la tablette de bouillon.

2 Pelez les betteraves et coupez-les en morceaux. Épluchez les petits oignons et taillez-les en lamelles.

3 Mixez les betteraves avec les oignons, le bouillon et le jus de citron. Ajoutez la crème fraîche et mixez à nouveau. Rincez le mixeur immédiatement après l'avoir utilisé.

4 Mettez la crème rubis au réfrigérateur et laissez-la glacer pendant au moins 3 h.

5 Servez dans des petites coupes ou des petits bols individuels.

Tsatsiki

Pour 4 personnes

- 1 concombre
- 2 yaourts nature
- 1 gousse d'ail
- persil frais haché
- le jus de 1/2 citron
- sel

Préparation : 10 minutes **Réfrigération :** 1 heure

1 Pelez le concombre, râpez-le et mettez-le dans un saladier.

2 Ajoutez les yaourts, la gousse d'ail pilée et le persil.

3 Mélangez bien le tout.

4 Ajoutez le jus de citron et mélangez à nouveau. Mettez au réfrigérateur 1 h minimum. Servez bien frais.

Crème rubis glacée

Conseils

- *Si vous disposez de betteraves crues, brossez-les sous l'eau courante, couvrez-les largement d'eau froide, salez et laissez cuire pendant au moins 2 h 30 (ou 1 h à l'autocuiseur).*
- *La cuisson au four (dans un plat avec très peu d'eau, 2 h à 180 °C pour des petits légumes de 8 cm de diamètre) donne des betteraves plus savoureuses mais n'est raisonnable que si vous avez une certaine quantité de légumes.*

Tsatsiki

Salade d'aubergine grillée

Pour 4 personnes

. 1 grosse aubergine
. 1 cuill. à soupe d'huile d'olive
. 1 cuill. à soupe de concentré de tomates
. 1/2 cuill. à soupe de coriandre en poudre
. 1/2 cuill. à café de cumin en poudre
. 1 cuill. à café de sucre
. 2 pincées d'ail moulu
. sel, poivre

Préparation : 10 minutes **Cuisson :** 30 minutes

1 Lavez l'aubergine, mettez-la sous le gril du four et laissez-la griller pendant 20 min, en la tournant à mi-cuisson.

2 Coupez-la en deux, retirez la pulpe avec une cuillère et mettez-la dans une passoire.

3 Dans une poêle à revêtement antiadhésif, faites chauffer l'huile, le concentré de tomates, la coriandre et le cumin. Mélangez soigneusement pendant 30 s. Ajoutez l'aubergine, salez et poivrez, poudrez de sucre et d'ail moulu.

4 Écrasez l'aubergine à la fourchette en bois et remuez en écrasant le tout pendant environ 5 min, toujours à la fourchette, jusqu'à obtention d'une purée onctueuse. Servez chaud, tiède ou froid avec des tranches de pain grillées.

Astuce

• *Relevez éventuellement la préparation avec 1 pincée de piment.*

Salade de légumes râpés

Pour 4 personnes

. 2 oignons
. 1 concombre
. 1 poivron
. 4 carottes
. 100 g gruyère
. 2 branches de céleri
. vinaigrette

Préparation : 10 minutes

1 Épluchez et lavez le concombre, le poivron et les carottes.

2 Râpez les légumes, les oignons et le fromage.

3 Coupez le céleri en dés.

4 Mettez le tout dans un saladier, ajoutez la vinaigrette.

Petit plus

• *Cette salade peut s'accompagner de jambon, de thon ou d'œufs durs.*

Salade de carottes au jus d'orange et au cumin

Cyril LIGNAC

Pour 4 personnes

. 500 g de carottes
. 1 orange
. 1 citron
. 1 cuil. à café d'eau de fleur d'oranger
. 1 cuill. à soupe de sucre en poudre
. 1/2 cuill. à soupe de cumin en poudre
. sel

Préparation : 20 minutes

1 Pressez l'orange et le citron. Versez le jus dans un saladier, ajoutez l'eau de fleur d'oranger, 1 pincée de sel, le sucre et le cumin. Mélangez le tout.

2 Râpez finement les carottes et ajoutez-les au contenu du saladier.

3 Mélangez et servez bien frais.

Salade de carottes au jus d'orange et au cumin

Salade grecque

Pour 4 personnes

. 1 concombre
. 3 tomates
. 160 g de feta
. persil
. 2 oignons
. 40 cl de vinaigrette
. sel, poivre

Préparation : 15 minutes

1 Pelez le concombre, coupez-le en rondelles et laissez-le dégorger 10 à 15 min dans une passoire.

2 Pendant ce temps, coupez les tomates en quartiers ou en rondelles, épluchez et émincez les oignons.

3 Hachez le persil et coupez la feta en tout petits dés.

4 Répartissez tous les éléments de cette salade grecque dans les assiettes, salez, poivrez, nappez de vinaigrette et servez très frais.

Salade de pot-au-feu

Pour 4 personnes

. 500 g de paleron de bœuf
. 2 grosses carottes
. 2 gros cornichons
. 1 cube de bouillon de pot-au-feu dégraissé
. vinaigrette
. 20 g de raifort
. 2 grosses tomates

Préparation : 30 minutes **Cuisson :** 3 heures

1 Faites cuire le paleron de bœuf à feu doux dans un bouillon de pot-au-feu pendant 2 h 30, mettez suffisamment d'eau pour en réserver 15 cl à la fin de la cuisson de la viande.

2 Pendant ce temps, faites cuire les carottes.

3 Laissez refroidir la viande.

4 Coupez en dés le paleron, les carottes et les cornichons.

5 Mettez-les dans un saladier et mélangez.

6 Assaisonnez de vinaigrette et ajoutez le raifort, mélangez.

7 Dressez sur une assiette et garnissez de quartiers de tomate.

Petits oignons aux raisins secs

Pour 4 personnes

. 1 botte de petits oignons nouveaux
. 1 poignée de petits raisins secs
. 1 cuill. à soupe d'huile d'olive
. 1 cuill. à soupe de vinaigre de vin blanc
. 1/2 cuill. à café de curry
. 1 pincée de curcuma
. sel

Préparation : 10 minutes **Cuisson :** 20 minutes

1 Supprimez les racines des petits oignons, coupez les tiges, retirez la première peau.

2 Faites gonfler les raisins dans un bol d'eau tiède.

3 Faites chauffer l'huile dans une petite casserole, ajoutez les oignons et faites-les blondir à feu moyen pendant quelques minutes. Arrosez avec le vinaigre et 10 cl d'eau. Ajoutez le curry, le curcuma et du sel. Portez à ébullition.

4 Égouttez soigneusement les raisins secs et ajoutez-les aux oignons. Couvrez et laissez mijoter pendant 15 min.

5 Ôtez le couvercle et laissez encore mijoter 2 à 3 min pour laisser un peu s'évaporer le liquide de cuisson.

6 Déposez les petits oignons dans un ravier, laissez-les refroidir et mettez-les au réfrigérateur.

Petits oignons aux raisins secs

Antigaspi

- *Lavez et essuyez les tiges vertes des oignons et conservez-les au réfrigérateur : elles remplaceront la ciboulette dans une salade ou une omelette.*

Tour de main

- *Sortez les oignons du réfrigérateur 15 min avant de servir et laissez-les à température ambiante.*

Bohémienne de légumes glacée à la menthe et coulis de poivrons

Préparation : 35 minutes **Cuisson :** 20 minutes
Réfrigération : 2 heures

Pour 6 personnes

Pour la bohémienne

. 2 courgettes
. 1 oignon
. 1 aubergine
. 1 poivron rouge
. 1 poivron vert
. 1 poivron jaune
. 1/2 bouquet de menthe
. huile d'olive
. sel, poivre

Pour le coulis

. 6 tomates mûres
. 3 poivrons rouges
. 3 oignons
. 4 gousses d'ail
. 30 cl de vin blanc
. thym, laurier.
. huile d'olive
. sel, poivre
. quelques feuilles de menthe

1 Pour la bohémienne de légumes : épluchez et taillez, l'oignon, les courgettes l'aubergine et les poivrons en dés. Réservez.

2 Préparez le coulis : nettoyez et taillez les tomates grossièrement les poivrons, l'ail et les oignons ; ciselez finement la menthe.

3 Mettez de l'huile d'olive dans une grande casserole et faites suer les oignons et les poivrons, puis ajoutez les tomates et laissez cuire quelques instants.

4 Mettez de l'huile d'olive dans une grande poêle et versez-y les légumes de la bohémienne, salez, poivrez et ajoutez la menthe ; laissez cuire à feu doux. (Il faut que les légumes restent croquants.) Réservez au réfrigérateur.

5 Une fois que les tomates du coulis commencent à crépiter, ajoutez le vin blanc, l'ail, sel, poivre, 1 branchette de thym et 2 feuilles de laurier ; faites réduire sur feu vif quelques minutes.

6 Mixez avec les aromates puis passez le coulis à l'étamine ou au chinois ; goûtez et rectifiez l'assaisonnement. Laissez refroidir et mettez au réfrigérateur.

7 Mettez un lit de coulis dans les assiettes de service et formez des quenelles de bohémienne de légumes ; décorez de 1 feuille de menthe.

Astuces

- *Ne faites pas trop cuire la bohémienne, les légumes doivent rester croquants.*
- *Servez bien frais.*
- *Filtrez bien le coulis car vous n'enlevez ni le thym ni le laurier avant de mixer afin que le coulis soit bien parfumé, il est donc nécessaire d'avoir un chinois très, très fin.*

Poireaux gribiche

Pour 4 personnes

. 4 gros poireaux
. 1 œuf
. 1/2 cuill. à café de moutarde
. 10 cl d'huile d'arachide
. 3 cornichons
. 1 cuill. à soupe de vinaigre
. 3 branches de persil plat
. 5 branches de cerfeuil
. 1 branche d'estragon
. sel, poivre

Préparation : 10 minutes **Cuisson :** 20 minutes

1 Supprimez les racines et la première feuille des poireaux. Coupez et réservez le vert. Lavez soigneusement les blancs.

2 Faites bouillir de l'eau dans une sauteuse. Salez. Déposez les blancs de poireau dans l'eau bouillante. Laissez-les cuire 20 min à partir de la reprise de l'ébullition. Égouttez-les soigneusement et laissez-les tiédir.

3 Faites durcir l'œuf pendant 10 min dans l'eau bouillante. Rafraîchissez-le, écalez-le et retirez le jaune. Hachez le blanc.

4 Lavez le persil, le cerfeuil et l'estragon, épongez-les et coupez les tiges. Ciselez finement les feuilles. Hachez les cornichons au couteau.

5 Écrasez le jaune d'œuf dans un bol. Ajoutez la moutarde, du sel et du poivre, et mélangez soigneusement. Versez l'huile goutte à goutte, puis en mince filet, en fouettant comme pour monter une mayonnaise. Lorsque la sauce est bien ferme, ajoutez le vinaigre puis le hachis d'herbes et de cornichons. Vérifiez l'assaisonnement.

6 Taillez 4 longues lanières dans des feuilles de poireau bien vertes. Rincez-les, séchez-les. Déposez les poireaux tièdes sur un plat. Passez une lanière de vert sous l'extrémité de chaque poireau, à environ 2 cm, et nouez-la en faisant une boucle. Présentez la sauce gribiche à part.

Poireaux gribiche

Astuce

- *Vous pouvez enrichir la sauce gribiche de câpres concassées. Dans ce cas, utilisez le vinaigre de conservation pour la confection de la sauce.*

Tarte tiède aux lisettes, tomates et oignons confits

Jacques et Laurent POURCEL

Pour 6 personnes

. 300 g de pâte brisée
. 12 lisettes ou petits maquereaux (environ 80 g pièce)

Pour la concassée de tomates

. 1 oignon
. 6 belles tomates bien rouges, mondées et épépinées
. 1 trait d'huile d'olive
. 1 branche de thym
. 1/2 feuille de laurier
. 1 cuill. à café de concentré de tomates
. sel, poivre

Pour la compotée d'oignons

. 3 beaux oignons
. 1 trait d'huile d'olive
. 1 branche de thym
. 3 filets d'anchois à l'huile
. sel, poivre

Pour la crème au basilic

. 1 dl de crème fleurette
. 1 dl de lait
. 2 jaunes d'œufs
. 2 branches de basilic
. sel, poivre

Préparation : 30 minutes **Cuisson :** 15 minutes

1 Confectionnez la concassée de tomates : ciselez l'oignon et faites-le suer à l'huile d'olive, ajoutez la chair de tomate hachée, le thym et le laurier. Laissez cuire un bon quart d'heure, salez, poivrez et ajoutez le concentré de tomates. Réservez.

2 Préparez la tombée d'oignons : émincez les oignons, faites-les cuire doucement à l'huile d'olive, ajoutez les anchois coupés en petits morceaux et le thym. Assaisonnez et laissez cuire une bonne demi-heure, jusqu'à ce qu'ils soient tendres sous la dent. Réservez.

3 Portez la crème fleurette et le lait à ébullition ; hors du feu, ajoutez les jaunes d'œufs et le basilic émincé. Assaisonnez et réservez.

4 Levez les filets de lisette et enlevez toutes les arêtes. Réservez.

5 Étalez la pâte brisée et foncez le fond de la tarte, piquez-la à la fourchette et faites-la précuire à four doux.

6 Garnissez la tarte d'une couche de compotée d'oignons, ajoutez une couche de concassée de tomates. Puis disposez dessus les filets de lisette en rosace. Assaisonnez légèrement et arrosez d'huile d'olive. Faites cuire la tarte environ 15 min à four bien chaud (210 °C, th. 7-8). Couvrez de crème au basilic. Remettez au four 5 min. Servez aussitôt.

Tarte tiède aux lisettes, tomates et oignons confits

Plats

Pour respecter un bon équilibre alimentaire, servez les plats suivants avec un accompagnement de légumes.

Langues-d'oiseau à la tomate

Pour 4 personnes

- 300 g de langues-d'oiseau
- 3 cuill. à soupe d'oignons déshydratés
- 3 gousses d'ail nouveau
- 1 litre de coulis de tomates
- 1 branche de thym
- 1 feuille de laurier
- 1 bâton de cannelle
- 2 cuill. à soupe d'huile d'olive
- sel

Préparation : 5 minutes **Cuisson :** 40 minutes

1 Pelez les gousses d'ail et hachez-les ou passez-les au presse-ail après en avoir retiré le germe.

2 Mettez l'ail dans une casserole avec l'huile, le coulis de tomates, les oignons déshydratés, le thym, le laurier, la cannelle et 60 cl d'eau. Salez. Portez à ébullition, couvrez et laissez frémir doucement pendant 20 min.

3 Versez les pâtes en pluie dans la casserole et laissez cuire pendant 20 min à petite ébullition, en remuant de temps en temps.

4 Retirez le thym, le laurier et la cannelle. Versez le contenu de la casserole dans un plat creux et servez bien chaud.

Les langues-d'oiseau sont également vendues sous le nom de grains de riz ou de grains de blé.

Tagliatelles au coulis de courgettes

Pour 4 personnes

- 300 g de tagliatelles
- 300 g de courgettes
- 1 tablette de bouillon d'aromates échalote-persil
- 1 gousse d'ail
- 60 g de fromage de chèvre frais
- sel, poivre

Préparation : 10 minutes **Cuisson :** 15 minutes

1 Rincez les courgettes, coupez les extrémités et pelez-les ; conservez 1 ou 2 rubans de peau. Coupez les courgettes en quatre puis recoupez-les en lamelles.

2 Faites bouillir 10 cl d'eau. Ajoutez la tablette de bouillon et les courgettes. Couvrez et laissez cuire pendant 15 min.

3 Faites chauffer une grande casserole d'eau, salez et mettez les pâtes ; mélangez à la fourchette et laissez cuire selon les indications portées sur l'emballage.

4 Pelez la gousse d'ail, retirez le germe et passez-la au presse-ail.

5 Lorsque les courgettes sont cuites, mixez-les, ajoutez le fromage de chèvre émietté et l'ail. Mixez à nouveau. Vérifiez l'assaisonnement.

6 Hachez finement les rubans de peau de courgette et incorporez-les à la sauce.

7 Égouttez les tagliatelles, versez-les dans un plat chaud, nappez-les de sauce et mélangez. Servez sans attendre.

Langues-d'oiseau à la tomate

Astuce

• Liez ensemble le thym, le laurier et le bâton de cannelle avec de la ficelle de cuisine pour pouvoir les retirer facilement à la fin de la cuisson.

Antigaspi

• En plein été, remplacez le coulis de tomates par des tomates très mûres passées au robot. Si vous n'en avez pas assez, complétez avec un peu de concentré de tomates.
• En saison, préparez du coulis de tomates sans l'assaisonner et congelez-le par portions de 25 ou 50 cl.

Tagliatelles au coulis de courgettes

Astuce

• Si vous utilisez des pâtes fraîches, doublez la quantité et laissez-les cuire seulement de 2 à 3 min.

Petit plus

• Des pâtes en couleurs. Si vous faites votre pâte à nouilles vous-même, préparez à cette occasion des tagliatelles colorées.Pour obtenir des pâtes vertes, faites cuire à sec dans une casserole 200 g d'épinards, égouttez-les soigneusement et passez-les au moulin à légumes grille fine. Ajoutez cette purée à la farine et aux œufs.

Timbales de riz panachées

Pour 4 personnes

. 50 g de riz basmati
. 160 g d'épinards surgelés en branches
. 20 g de gruyère
. 1 pincée de cannelle en poudre
. 1 pincée de noix muscade
. 1 pincée de sucre
. sel

Préparation : 15 minutes **Cuisson :** 20 minutes

1 Faites bouillir de l'eau, salez, jetez-y le riz et laissez-le cuire pendant 18 min à partir de la reprise de l'ébullition.

2 Pendant ce temps, faites décongeler les épinards à feu doux, puis laissez-les cuire 3 min. Égouttez-les et hachez-les grossièrement. Assaisonnez-les avec le sucre, la cannelle et la noix muscade. Salez.

3 Râpez finement le gruyère. Égouttez le riz. Mélangez-le au fromage et ajoutez les épinards. Tassez la préparation dans 4 ramequins et laissez reposer quelques minutes.

4 Pour les démouler, retournez les ramequins sur les assiettes ou sur un plat de service. Servez ces timbales avec un plat en sauce (poisson, viande ou volaille), ou même avec un légume vert.

Riz aux oignons et aux carottes

Pour 4 personnes

. 70 g de riz rond
. 200 g de carottes
. 400 g d'oignons doux
. 1/2 cuill. à café de curry
. 1 tablette de bouillon de volaille
. sel, poivre

Préparation : 15 minutes **Cuisson :** 20 minutes

1 Pelez les carottes, lavez-les et coupez-les en petits dés.

2 Épluchez les oignons, coupez-les en deux et taillez-les en lamelles de 0,5 cm d'épaisseur.

3 Faites bouillir 40 cl d'eau. Ajoutez la tablette de bouillon, les carottes et les oignons. Remuez pour faire fondre la tablette. Couvrez et laissez cuire 10 min.

4 Versez ensuite le riz et le curry dans la casserole. Couvrez et laissez cuire pendant 18 min à petit feu. Vérifiez l'assaisonnement et servez chaud.

Timbales de riz panachées

Variante

• *Remplacez le gruyère par un autre fromage (tomme de brebis, parmesan, cantal, etc.), par un reste de jambon, que vous couperez finement, des pignons de pin ou encore le reste des cacahuètes de l'apéritif grossièrement brisées.*

Tours de main

• *Vous pouvez préparer les timbales à l'avance et les réchauffer au four à micro-ondes, à pleine puissance, couvertes de film étirable.*

• *Mettez la préparation dans des moules à tartelettes. Une fois démoulées, ces tartelettes serviront de support à une caille ou à de la viande émincée.*

Riz aux oignons et aux carottes

Variante

• *Après la cuisson, versez le tout dans un plat à gratin, saupoudrez de fromage râpé et faites dorer au four.*

Petit plus

• *Ajoutez un peu de crème fraîche à la préparation, elle n'en sera que plus moelleuse.*

Tour de main

• *Si vous n'avez pas d'oignons doux, plongez les lamelles d'oignon dans de l'eau bouillante et laissez-les frémir 3 min pour les adoucir. Égouttez-les et continuez la préparation de la recette.*

Salade d'automne

Pour 4 personnes

- 125 g de riz basmati
- 1/2 boîte de salsifis
- 4 figues fraîches
- 2 cuill. à soupe de jus de citron
- 1/4 de cuill. à café de curry
- 2 cuill. à soupe bombées de mayonnaise légère
- 1 petit bouquet de ciboulette
- sel

Préparation : 15 minutes **Cuisson :** 20 minutes

1 Faites bouillir une casserole d'eau. Salez, jetez-y le riz et laissez-le cuire 18 min à partir de la reprise de l'ébullition.

2 Égouttez les salsifis, rincez-les sous l'eau tiède et coupez-les en petits tronçons.

3 Rincez la ciboulette et ciselez-la. Passez les figues sous l'eau fraîche, essuyez-les, retirez la queue, coupez-les en dés ou en lamelles. Incorporez le curry et le citron à la mayonnaise.

4 Égouttez le riz, rafraîchissez-le et égouttez-le à nouveau. Ajoutez les salsifis, la mayonnaise et la ciboulette. Mélangez bien puis incorporez délicatement les morceaux de figue.

Riz aux champignons

Pour 4 personnes

- 150 g de riz semi-complet
- 250 g de champignons de Paris
- 1 belle échalote
- 10 cl de crème fraîche
- 1 cuill. à café de curry
- 1/2 cuill. à soupe d'huile d'olive
- sel, poivre

Préparation : 15 minutes **Cuisson :** 20 minutes

1 Versez dans une casserole une quantité d'eau égale à deux fois le volume du riz. Salez.

2 Rincez longuement le riz sous l'eau froide en le frottant entre vos mains, jusqu'à ce que l'eau soit claire. Versez le riz dans la casserole, portez à ébullition sur feu vif, couvrez, réduisez le feu et laissez cuire jusqu'à ce que toute l'eau soit absorbée. Laissez cuire encore 5 min, retirez du feu et laissez reposer 5 min.

3 Pendant ce temps, pelez l'échalote et hachez-la. Ôtez la partie sableuse du pied des champignons. Lavez-les rapidement, égouttez-les et coupez-les en lamelles. Faites chauffer l'huile dans une poêle. Laissez blondir l'échalote 2 min, puis ajoutez les champignons et faites-les cuire à feu vif jusqu'à ce que toute leur eau soit évaporée. Salez et poivrez.

4 Incorporez le curry à la crème et faites chauffer doucement. Salez.

5 Ajoutez au riz les champignons et la crème. Mélangez et servez chaud.

Salade d'automne

Astuce

• Pour un plat complet, ajoutez des pétoncles poêlés et quelques crevettes.

Antigaspi

• Utilisez des figues très mûres, qui ne sont plus très présentables, mais manipulez-les avec précaution pour ne pas les écraser.

• Si vous utilisez peu de mayonnaise légère, préférez-la en tube : même si le tube est entamé, elle se garde plusieurs semaines au réfrigérateur, ce qui n'est pas le cas d'un pot.

Riz aux champignons

Variante

• Faites sauter des pleurotes coupées en lamelles épaisses avec des lardons et suivez la recette, mais sans le curry.

Tour de main

• Pour laver les champignons, passez-les un à un sous l'eau froide courante, en frottant rapidement le chapeau. Ne les laissez surtout pas tremper car ils se gorgeraient d'eau.

Antigaspi

• Une fois chaude, l'huile d'olive devient très fluide, une bonne raison pour en user avec parcimonie !

Paella aux légumes

Pour 4 personnes

. 250 g de riz rond
. 2 courgettes
. 1/2 boîte de tomates pelées
. 100 g de petits pois surgelés
. 100 g de haricots mangetout
. 2 carottes
. 1 oignon
. 2 gousses d'ail
. 3 cuill. à soupe d'huile d'olive
. 2 tablettes de bouillon de volaille instantané
. 1/2 sachet d'épices à paella
. 3 branches de persil plat
. sel, poivre

Préparation : 25 minutes **Cuisson :** 20 minutes

1 Lavez les courgettes, ôtez-en les extrémités puis coupez-les en dés réguliers. Équeutez les haricots, lavez-les et coupez-les en tronçons de 2 cm. Pelez les carottes, lavez-les, coupez-les en petits dés.

2 Égouttez les tomates et hachez-les très grossièrement. Faites bouillir 80 cl d'eau et ajoutez les tablettes de bouillon ; faites-les fondre en remuant.

3 Pelez et hachez l'oignon et l'ail. Mettez l'huile à chauffer dans une poêle à paella ou dans une sauteuse. Faites fondre l'oignon et l'ail pendant 2 min, sans les laisser blondir. Ajoutez les courgettes, les haricots et les carottes. Faites revenir le tout 5 min à feu vif, sans cesser de remuer.

4 Versez le riz, les tomates et les épices. Remuez pendant 5 min à feu moyen, puis arrosez avec le bouillon. Salez et poivrez légèrement. Laissez cuire 20 min, en remuant de temps en temps.

5 Plongez les petits pois 5 min dans de l'eau bouillante. Égouttez-les et ajoutez-les au riz 5 min avant la fin de la cuisson.

6 Rincez le persil, effeuillez-le et hachez-le. Incorporez-le au riz. Éteignez le feu, couvrez et laissez reposer 5 min avant de servir.

Succotash

Pour 4 personnes

. 1/2 boîte de haricots rouges de 250 g (poids net égoutté)
. 1 boîte de maïs de 285 g (poids net égoutté)
. 1 gros oignon
. 2 petites cuill. à soupe de concentré de tomates
. 20 g de beurre
. 15 cl de crème à 5 %
. 2 pincées de sucre
. poivre

Préparation : 10 minutes **Cuisson :** 10 minutes

1 Égouttez les haricots et le maïs. Pelez l'oignon, coupez-le en deux et taillez-le en fines lamelles.

2 Faites fondre le beurre. Ajoutez l'oignon, mélangez et laissez à peine blondir pendant 5 min.

3 Versez le maïs et les haricots dans la casserole avec 2 cuill. à soupe d'eau, le concentré de tomates et le sucre. Couvrez et laissez chauffer quelques minutes à feu doux. Ajoutez la crème, poivrez et laissez mijoter encore 2 min.

Paella aux légumes

Tour de main

- *À défaut d'épices à paella, mélangez 1/2 cuillerée à café de curcuma avec 1 pincée de girofle en poudre, de paprika et de semoule d'ail.*
- *Ciselez le persil ou hachez-le avec un couteau ou, mieux, un hachoir berceau, sur une planche à découper.*

Antigaspi

- *Vous pouvez ajouter à cette paella un reste de poulet coupé en dés ou de légumes cuits à l'eau ou à la vapeur. Vous les ferez revenir rapidement dans un peu d'huile d'olive avant de les incorporer aux trois quarts de la cuisson.*

Succotash

Conseils

- *Servez bien chaud ce savoureux mélange avec du travers de porc grillé ou des côtes de porc cuites à la poêle.*
- *Vous pouvez rehausser ce plat d'un peu de piment fort ou de paprika.*

Antigaspi

- *Si vous n'utilisez généralement que peu de concentré de tomates, vous avez intérêt à acheter celui-ci en tube car il se conserve parfaitement. Sinon, couvrez d'huile le reste de concentré et gardez-le au réfrigérateur.*

Millet jardinière

Pour 4 personnes

. 125 g de millet
. 4 poireaux
. 2 carottes
. 150 g de petits pois surgelés
. 1 cuill. à soupe d'huile
. 1 cuill. à soupe de crème fraîche épaisse
. 1 pincée de sucre
. sel

Préparation : 10 minutes **Cuisson :** 30 minutes

1 Ôtez les racines, le vert et la première feuille des poireaux. Fendez les blancs en deux, lavez-les soigneusement, puis coupez-les en tronçons de 1 cm. Grattez les carottes et taillez-les en bâtonnets de la taille d'une allumette.

2 Faites chauffer l'huile dans une sauteuse. Ajoutez les poireaux et les carottes, laissez-les fondre 5 min à couvert. Incorporez le sucre.

3 Faites bouillir une quantité d'eau égale à deux fois le volume du millet. Salez.

4 Répartissez le millet sur les légumes. Versez l'eau bouillante, couvrez le plus hermétiquement possible et laissez cuire à feu doux pendant 25 min.

5 Faites cuire les petits pois 10 min dans l'eau bouillante salée. Égouttez-les.

6 Faites chauffer la crème, incorporez-la au millet, mélangez puis ajoutez les petits pois. Servez bien chaud

Polenta soufflée

Pour 4 personnes

. 175 g de polenta à cuisson rapide
. 2 tablettes de bouillon de volaille
. 3 œufs
. 30 g de parmesan râpé
. 3 cuill. à soupe de crème liquide à 15%
. beurre
. sel

Préparation : 15 minutes **Cuisson :** 45 minutes

1 Faites chauffer le four à 200 °C (th. 7) et beurrez un petit moule à soufflé.

2 Mettez 40 cl d'eau à bouillir. Ajoutez les tablettes de bouillon, laissez-les se dissoudre puis versez la polenta en pluie dans le liquide. Remuez jusqu'à ce que toute l'eau soit absorbée et que vous obteniez une pâte lisse.

3 Incorporez la crème et le parmesan à la bouillie de maïs.

4 Cassez les œufs en séparant les blancs des jaunes. Incorporez les jaunes à la préparation. Ajoutez 1 pincée de sel aux blancs et battez-les en neige ferme. Incorporez-les à la préparation et mélangez délicatement.

5 Versez dans le moule. Lissez la surface. Enfournez et laissez cuire pendant 40 min.

Millet jardinière

Variante

- *Utilisez du maïs à la place des petits pois. Pimentez légèrement la préparation et remplacez la crème par du lait de coco.*

Tour de main

- *Pour tailler la carotte en bâtonnets, coupez-la en longues lamelles de 3 mm d'épaisseur, empilez celles-ci, recoupez-les dans l'autre sens sur une largeur de 3 mm, puis égalisez ces bâtonnets sur 4 à 5 cm de long.*

Polenta soufflée

Conseil

- *Servez cette polenta soufflée dès la sortie du four, avec un plat mijoté – bœuf bourguignon, daube, etc.*

Timbale de lieu noir

Pour 4 personnes

- 300 g de lieu noir surgelé
- 150 g de pommes de terre charlotte ou bintje
- 3 œufs
- 2 échalotes
- 40 g de beurre
- 4 cuill. à soupe de crème fraîche liquide
- sel, poivre

Préparation : 15 minutes **Cuisson :** 45 minutes

1 Brossez les pommes de terre, mettez-les dans une casserole d'eau froide, salez, couvrez et laissez cuire 25 min.

2 Déposez le poisson dans une casserole d'eau froide, salez, portez doucement à ébullition. Réduisez le feu au premier bouillon, couvrez et laissez frémir 3 min. Laissez le poisson tiédir dans son liquide de cuisson. Égouttez-le, effeuillez-le et écrasez-le grossièrement à la fourchette. Vérifiez qu'il ne reste pas d'arêtes.

3 Épluchez les échalotes, hachez-les finement, faites-les fondre 5 min à feu doux avec 10 g de beurre. Ajoutez la crème et retirez du feu.

4 Préchauffez le four à 200 °C (th. 7). Beurrez un moule à soufflé d'environ 18 cm de diamètre. Cassez les œufs en séparant les blancs des jaunes.

5 Pelez les pommes de terre, écrasez-les à la fourchette. Incorporez à cette préparation 20 g de beurre, la crème aux échalotes, du poivre, les jaunes d'œufs et le poisson.

6 Ajoutez 1 pincée de sel aux blancs d'œufs, battez-les en neige ferme et incorporez-les délicatement à la préparation. Versez dans le moule, lissez la surface, enfournez et laissez cuire 20 min, jusqu'à ce que le dessus de la timbale soit doré et gonflé.

Lieu noir sauce verte

Pour 4 personnes

- 4 tranches de lieu noir d'environ 150 g chacune
- 30 g d'épinards hachés surgelés
- 3 branches de persil
- 1 échalote
- 2 gousses d'ail
- 2 cuill. à soupe de velouté de cresson en sachet
- 1 cuill. à soupe de vinaigre de vin
- 2 cuill. à soupe de crème à 15 % de mat. grasses
- 1 feuille de laurier
- sel, poivre

Préparation et cuisson : 20 minutes

1 Rincez le poisson et essuyez-le avec du papier absorbant. Mettez-le dans une sauteuse, couvrez d'eau froide, ajoutez le laurier, salez et faites cuire 10 min à petit feu.

2 Pelez l'échalote et l'ail, hachez-les finement. Mettez-les dans une casserole avec le vinaigre et 10 cl d'eau. Portez doucement à ébullition et laissez réduire aux trois quarts, sans couvrir et à feu doux.

3 Ajoutez 25 cl d'eau, portez à ébullition, versez le velouté en pluie, en remuant avec un fouet à main, puis laissez cuire 5 min, à petite ébullition. Incorporez les épinards décongelés au velouté de cresson.

5 Rincez le persil, épongez-le et hachez les feuilles. Ajoutez-les au velouté ainsi que la crème, laissez chauffer 2 min.

6 Égouttez le poisson avec une spatule à fentes, déposez-le sur un plat chaud et nappez-le de sauce.

Timbale de lieu noir

Petit plus

- *Relevez la préparation avec 1 pincée de piment et 1 cuill. à café d'aneth haché surgelé.*

Antigaspi

- *Vous pouvez préparer cette recette avec un reste de poisson cuit.*
- *Pour le moule qui doit être bien graissé, utilisez de la margarine : moins chère que le beurre, elle s'étale mieux et supporte mieux la chaleur.*

Lieu noir sauce verte

Conseil

- *Servez avec des pommes de terre ou des courgettes cuites à la vapeur.*

Petits plus

- *Avant de mettre le poisson sur le plat de service, retirez la peau noire intérieure et la peau extérieure du poisson.*
- *Vous pouvez ajouter à la sauce du cerfeuil haché ou quelques câpres.*

Tour de main

- *Ne laissez pas bouillir le poisson. Dès que la chair se détache de l'arête centrale (vérifiez avec la pointe d'un couteau), retirez-le du feu et couvrez.*

Antigaspi

- *Repliez le haut du sachet de velouté et maintenez-le avec une pince à linge. Il se gardera ainsi plusieurs semaines.*

Sardines aux macaronis

Pour 4 personnes

. 800 g de grosses sardines
. 250 g de macaronis
. 250 de bulbe de fenouil
. 250 g d'oignons
. 2 cuill. à soupe de raisins secs
. 1/2 cuill. à café de curcuma
. 3 cuill. à soupe d'huile d'olive
. 1 cuill. à soupe de concentré de tomates
. sel, poivre

Préparation : 1 heure **Cuisson :** 25 minutes

1 Coupez la base dure et les tiges du fenouil, pelez la première feuille avec un couteau économe. Coupez-le en quatre, plongez-le dans une casserole d'eau bouillante salée et laissez-le cuire 15 min.

2 Étêtez, videz et rincez les sardines. Retirez l'arête centrale. Coupez la queue. Ôtez la peau tout en séparant les filets. Salez, poivrez.

3 Pelez et hachez les oignons. Faites-les blondir à feu doux dans une casserole avec 2 cuill. à soupe d'huile.

4 Égouttez le fenouil. Conservez son eau de cuisson. Hachez-le grossièrement. Ajoutez-le aux oignons, mélangez, poudrez de curcuma, salez et poivrez, laissez mijoter jusqu'à ce que les oignons soient tendres.

5 Dans une grande casserole d'eau bouillante salée, jetez les macaronis et laissez-les cuire selon les indications portées sur l'emballage.

6 Mettez le reste de l'huile à chauffer dans une poêle, déposez-y les sardines et laissez-les cuire pendant 2 min à feu vif. Retirez-les de la poêle en veillant à ne pas les briser. Versez 4 cuill. à soupe de liquide de cuisson du fenouil et le concentré de tomates dans la poêle et grattez avec une spatule pour dissoudre les sucs. Versez ce jus sur le fenouil et les oignons. Incorporez les raisins secs.

7 Égouttez les macaronis, mélangez-les à la sauce au fenouil, poivrez, déposez le tout dans un plat de service et rangez les filets de sardine dessus. Servez sans attendre.

Filets de maquereau sur lit de poireaux

Pour 4 personnes

. 2 gros maquereaux d'environ 500 g chacun en filets
. 4 gros blancs de poireau
. 1 cuill. à café de moutarde forte
. 1 pincée de sucre
. sel

Préparation : 10 minutes **Cuisson :** 40 minutes

1 Coupez l'extrémité des blancs de poireau et retirez la première feuille. Coupez-les en rondelles de 1 cm, rincez-les, mettez-les dans une casserole, salez, sucrez et ajoutez 3 ou 4 cuill. à soupe d'eau. Couvrez, laissez cuire à feu doux 30 min. Rincez les maquereaux et essuyez-les. Salez le côté chair. Allumez le gril du four.

2 Incorporez la moutarde aux poireaux. Étalez ceux-ci sur un plat supportant la chaleur. Posez les filets de maquereau sur les poireaux, côté peau au-dessus. Glissez le plat sous le gril, très près de la source de chaleur, et laissez griller de 9 à 10 min. Servez sans attendre.

Sardines aux macaronis

Petit plus

- *Remplacez le curcuma par 1 dose de safran et incorporez 2 cuill. à soupe de pignons de pin aux macaronis.*

Tours de main

- *Pour détacher l'arête centrale des sardines, commencez par glisser la lame d'un couteau pointu juste sous les grosses arêtes du haut.*
- *Ne séparez pas les deux filets : cela se fera naturellement en retirant la peau.*
- *Pensez à retirer les plus grosses arêtes qui ne seraient pas venues avec l'arête centrale.*

Filets de maquereau sur lit de poireaux

Conseils

- *S'il reste des grosses arêtes dans le haut des filets, glissez la pointe d'un couteau dessous et retirez-les une à une.*
- *Pour lever les filets des maquereaux vidés, coupez la tête et la queue, incisez la chair le long de l'arête dorsale en allant de la tête vers la queue avec un couteau à lame souple et pointue, dégagez l'arête dorsale et arrachez-la.*

Chinchards aux oignons

Pour 4 personnes

. 4 chinchards d'environ 200 g chacun vidés
. 400 g d'oignons
. 100 g de semoule de couscous moyenne
. 2 cuill. à soupe de vinaigre de vin
. 2 cuill. à soupe de raisins secs
. 2 cuill. à soupe d'huile d'olive
. 10 g de beurre
. 3 cuill. à soupe de farine
. 1/4 de cuill. à café de cannelle
. sel, poivre

Préparation et cuisson : 20 minutes

1 Pelez les oignons, coupez-les en deux, puis retaillez-les en fines lamelles. Mettez 1 cuill. d'huile à chauffer dans une casserole, ajoutez les oignons, mélangez pour qu'ils soient bien enrobés et laissez-les blondir à feu moyen, en remuant souvent, pendant environ 10 min.

2 Rincez les poissons sous l'eau courante, essuyez-les avec du papier absorbant, salez et poivrez l'intérieur. Salez et poivrez la farine. Roulez les poissons dedans pour les enrober.

3 Faites chauffer une poêle à revêtement antiadhésif, déposez-y les poissons et laissez-les blondir 2 min de chaque côté à feu moyen. Réduisez ensuite le feu et laissez-les cuire environ 3 min par face.

4 Versez le vinaigre sur les oignons et grattez avec une spatule en bois pour dissoudre les sucs. Ajoutez les raisins secs. Mélangez, couvrez et laissez mijoter à feu doux.

5 Mettez 1 cuill. à soupe d'huile à chauffer dans une poêle, versez la semoule, mélangez pendant 30 s, salez, couvrez juste d'eau, posez un couvercle sur la poêle, laissez bouillir 2 min à feu doux puis éteignez le feu et laissez gonfler 5 min.

6 Incorporez la cannelle et le beurre en petits dés à la semoule, puis mélangez celle-ci avec les oignons. Disposez-la en dôme au centre d'un plat. Rangez les poissons autour. Servez sans attendre.

Brandade légère

Pour 4 personnes

. 400 g de morue salée
. 350 g de céleri-rave
. 100 g de pommes de terre bintje
. 2 cuill. à soupe d'huile d'olive
. 10 cl de crème à 8 %
. 1 branche de thym
. 1 feuille de laurier
. 1 gousse d'ail
. sel, poivre

Dessalage : 24 heures **Préparation :** 10 minutes
Cuisson : 35 minutes

1 Mettez la morue dans une bassine d'eau fraîche et laissez-la tremper pendant 24 h, en renouvelant l'eau deux ou trois fois.

2 Épluchez le céleri-rave et les pommes de terre. Mettez les pommes de terre dans une casserole d'eau froide, salez et portez à ébullition. Coupez le céleri en morceaux, ajoutez-le et laissez cuire pendant 30 min.

3 Rincez la morue, mettez-la dans une sauteuse avec le thym et le laurier, couvrez-la d'eau froide et laissez frémir pendant 20 min.

4 Égouttez la morue, effeuillez-la et retirez les arêtes. Passez-la au robot, ajoutez le céleri, puis les pommes de terre et l'huile. Incorporez ensuite la crème. Salez et poivrez. Pelez l'ail, passez-le au presse-ail et ajoutez-le également. Servez bien chaud.

Chinchards aux oignons

Petit plus

- *Vous pouvez ajouter à la semoule quelques pignons de pin ou des amandes effilées dorés à sec.*

Conseil

- *Le chinchard, qu'on appelle aussi robinette, carrée, riton, singe ou soleil, est un poisson bon marché. Si vous n'en trouvez pas, remplacez-le par du maquereau, dont la chair est plus fine et le prix un peu plus élevé.*

Brandade légère

Variante

- *Vous pouvez remplacer le céleri par 200 g de pommes de terre, soit 300 g en tout.*
Une fois la brandade terminée, façonnez-la en galettes et faites-les dorer à la poêle.

Mulet en papillote

Pour 4 personnes

- 1 mulet de 1,2 kg écaillé et vidé
- 2 citrons
- 1 cuill. à soupe d'huile d'olive
- 2 cuill. à soupe de crème à 5 %
- sel, poivre

Préparation : 15 minutes **Cuisson :** 50 minutes

1 Faites chauffer le four à 200 °C (th. 7).
Rincez le poisson et essuyez-le avec du papier absorbant. Salez et poivrez l'intérieur.

2 Pelez 1 citron à vif et coupez-le en fines rondelles.

3 Rangez des rondelles de citron sur une grande feuille de papier sulfurisé. Déposez le mulet dessus, salez légèrement, poivrez généreusement puis recouvrez avec le reste des rondelles. Arrosez d'huile d'olive.

4 Fermez le papier sulfurisé, enfournez et laissez cuire pendant 45 min.

5 Cannelez le second citron, retirez les 2 extrémités, coupez-le en rondelles et recoupez celles-ci en deux.

6 Lorsque la cuisson est achevée, entrouvrez la papillote et récupérez le jus de cuisson dans une petite casserole. Ajoutez-y la crème et laissez chauffer quelques secondes. Rectifiez l'assaisonnement.

7 Déposez le poisson sur un plat et garnissez-le avec les rondelles de citron cannelé.

Calmars aux tagliatelles

Pour 4 personnes

- 750 g de calmars
- 250 g de tagliatelles
- 1 oignon
- 1 gousse d'ail
- 1 petite boîte de concentré de tomates
- 2 pincées de cannelle
- 1 cuill. à café de curry
- 2 pincées de sucre
- 1 cuill. à soupe d'huile
- sel, poivre

Préparation : 20 minutes **Cuisson :** 45 minutes

1 Videz et nettoyez les calmars. Lavez-les, taillez les corps en petits morceaux, coupez les tentacules en tronçons. Pelez l'oignon et l'ail, hachez-les.

2 Faites chauffer l'huile dans une sauteuse à revêtement antiadhésif, faites blondir l'oignon et l'ail, puis ajoutez les calmars et faites-les revenir 5 min en remuant.

3 Ajoutez 15 cl d'eau, le concentré de tomates, la cannelle, le curry et le sucre. Salez. Poivrez légèrement. Couvrez et laissez cuire à feu doux pendant environ 35 min, jusqu'à ce que les calmars soient tendres.

4 Faites bouillir une casserole d'eau, salez-la, jetez-y les tagliatelles et laissez-les cuire selon les indications portées sur l'emballage.

5 Égouttez les pâtes, mélangez-les avec les calmars et servez de suite.

Mulet en papillote

Antigaspi

• *Coupez les rondelles de citron sur un plan de travail muni d'une rigole, pour récupérer le jus, que vous ajouterez au jus de cuisson.*

Astuce

• *Vérifiez que le poisson est parfaitement écaillé en passant la main dessus, de la queue vers la tête.*

Calmars aux tagliatelles

Variante

• *Remplacez les 15 cl d'eau par la même quantité de lait de coco.*

Tours de main

• *Pour nettoyer les calmars, coupez les tentacules au ras des yeux et jetez les têtes. Retirez l'os transparent (la plume) qui maintient le corps du calmar, fendez les corps, retirez l'intérieur laiteux et gélatineux, rincez les corps et les tentacules.*

• *Le temps de cuisson est très variable selon la taille des mollusques. Piquez-les de temps en temps avec la pointe d'un couteau pour vérifier s'ils sont tendres.*

Encornet farci aux légumes et vinaigre balsamique

Pour 6 personnes

. 6 encornets
. 5 carottes
. 2 poivrons rouges
. 2 poivrons verts
. 2 courgettes
. 2 aubergines
. 2 oignons
. 3 gousses d'ail
. 2 blancs de poireau
. 4 tomates
. thym, laurier
. huile d'olive
. vinaigre balsamique
. sel, poivre
. salade (pour le service)

Préparation : 35 minutes **Cuisson :** 20 minutes

1 Lavez les légumes. Épluchez les oignons et l'ail, puis taillez le tout en petits dés.

2 Dans une casserole avec un peu d'huile d'olive mettez à revenir les légumes, l'ail et l'oignon, salez, poivrez, ajoutez le thym et le laurier. Faites suer doucement 10 à 15 min (les légumes doivent cuire mais rester croquants), en remuant délicatement et régulièrement.

3 Pendant ce temps, préparez la vinaigrette balsamique en mélangeant 12 cuill. à soupe de vinaigre balsamique, 6 cuill. à soupe d'huile d'olive, sel, poivre.

4 Après cuisson, retirez le thym et le laurier des légumes, mettez ces derniers dans une poche à douille. Farcissez les encornets que vous fermerez avec un cure-dents pour éviter que la farce ne s'échappe.

5 Faites chauffer de l'huile d'olive dans une grande poêle et faites dorer les encornets farcis sur toutes les faces.

6 Sur un lit de salade, déposez un encornet farci dans les assiettes de service et arrosez-le de vinaigrette balsamique.
Servez aussitôt.

Astuce

Le fait de découper les légumes en petits dés permet, outre le fait de farcir plus facilement l'encornet, d'obtenir une cuisson plus rapide.

Quiche au thon et aux poireaux

Pour 4 personnes

. 1 pâte brisée
. 200 g de thon
. 2 poireaux
. 20 cl de lait
. 2 œufs
. 2 cuill. à soupe de crème fraîche à 15 %
. 20 g de beurre
. sel, poivre

Préparation : 15 minutes **Cuisson :** 40 minutes

1 Lavez et coupez les poireaux en fines rondelles. Faites-les fondre doucement à la poêle avec le beurre 10 min environ. Salez et poivrez.

2 Battez les œufs avec le lait et la crème fraîche. Salez, poivrez.

3 Étaler la pâte dans le moule et piquez-la à la fourchette. Disposez le thon et les poireaux sur le fond de la tarte.

4 Versez dessus la préparation aux œufs et faites-la cuire à 180 °C (th. 6) pendant 40 min environ.

Variante

Remplacez le thon par du saumon ou tout autre poisson.

Petit plus

Pour aller plus vite et éviter le beurre, faites cuire les poireaux à la vapeur pendant 7 min.

Tartare de thon et d'avocat, coulis de tomates au cumin

Jacques et Laurent POURCEL

Pour 4 personnes

Pour le tartare

. 160 g de thon frais
. 1 pincée de quatre-épices en poudre
. 2 cuill. à soupe d'huile d'olive
. le jus de 1/2 citron
. 1 cuill. à soupe de ciboulette ciselée
. 1 échalote finement ciselée
. 1 avocat
. 1 tomate mûre mondée et épépinée
. sel, poivre du moulin

Pour le coulis

. 3 tomates
. 1 échalote finement ciselée
. 1 cuill. à soupe d'huile d'olive
. 1 pointe de sucre
. 1 pincée de cumin en poudre

Préparation : 20 minutes

1 Préparez le coulis : mondez, épépinez et concassez les tomates. Faites tomber l'échalote à l'huile d'olive, ajoutez les tomates, salez et poivrez. Ajoutez le sucre et le cumin. Faites cuire et compoter le tout, puis mixez pour obtenir un coulis. Réservez au réfrigérateur.

2 Taillez le thon en petits cubes. Ajoutez sel, poivre, quatre-épices, 1 cuill. à soupe d'huile d'olive, l'échalote, la moitié du jus de citron et de la ciboulette. Mélangez bien et gardez ce mélange sur de la glace.

3 Taillez l'avocat et la tomate en petits cubes. Mélangez-les avec le reste de ciboulette ciselée, de jus de citron et d'huile d'olive. Salez et poivrez puis réservez.

4 Montez la préparation dans un cercle au milieu de chaque assiette : d'abord le tartare de thon, puis l'avocat, et enfin de nouveau le thon. Retirez le cercle. Accompagnez le tout de coulis de tomates au cumin.

Tartare de thon et d'avocat, coulis de tomates au cumin

Petit plus

Vous pouvez agrémenter le tartare avec une quenelle de crème fleurette fouettée, un caramel de balsamique et une tuile au parmesan.

Escalopes de dinde à l'ail doux

Pour 4 personnes

. 4 escalopes de dinde
. 20 gousses d'ail
. 1 yaourt bulgare
. 2 cuill. à café de jus de citron
. 1 cuill. à soupe de madère
. quelques feuilles de basilic
. 10 g de beurre
. sel, poivre

Préparation : 10 minutes **Cuisson :** 30 minutes

1 Mettez les gousses d'ail non pelées dans une casserole d'eau, portez à ébullition et laissez frémir pendant 30 min.

2 Faites fondre le beurre dans une poêle à revêtement antiadhésif. Salez et poivrez les escalopes de dinde. Faites-les blondir dans le beurre 3 min de chaque côté, à feu doux.

3 Hachez finement le basilic avec des ciseaux. Égouttez l'ail, écrasez-le et éliminez les peaux. Mélangez le yaourt, le jus de citron, le madère et le basilic à la purée d'ail. Salez et poivrez.

4 Déposez les escalopes sur un plat. Versez 3 cuill. à soupe d'eau dans la poêle et grattez avec une spatule pour dissoudre les sucs. Versez sur les escalopes et servez avec la sauce au yaourt à part.

Brochettes de dinde en pita

Pour 4 personnes

. 4 escalopes de dinde de 125 g chacune
. 4 pitas (petits pains non levés)
. 1 poivron vert
. 2 tomates
. 4 feuilles de salade (romaine ou laitue)
. 50 g de fromage frais aux herbes et à l'ail
. 1 cuill. à soupe d'huile
. sel, poivre

Préparation et cuisson : 20 minutes

1 Lavez les tomates, ôtez le pédoncule, coupez-les en rondelles et retirez les pépins. Salez. Rincez les feuilles de salade et séchez-les sur du papier absorbant.

2 Coupez le blanc de dinde en petits morceaux réguliers. Rincez le poivron, retirez le pédoncule, les graines et les filaments blancs, coupez la pulpe en dés de la même dimension que les morceaux de dinde.

3 Enfilez les morceaux de dinde sur des brochettes, en intercalant le poivron. Huilez les brochettes à l'aide d'un pinceau.

4 Allumez le gril du four. Glissez les brochettes sous le gril et faites-les cuire 3 min de chaque côté.

5 Faites chauffer les pitas dans un grille-pain. Tartinez les feuilles de salade avec le fromage frais. Ouvrez les pitas, déposez à l'intérieur la salade et les rondelles de tomate. Salez et poivrez les brochettes, faites glisser la viande dans les petits pains et servez.

Escalopes de dinde à l'ail doux

Astuce

- *Choisissez de grosses gousses d'ail nouveau, sans germe. Égouttez les gousses cuites dans une petite passoire fine et écrasez-les avec un pilon ou une cuillère, ce qui vous permettra en une seule opération de séparer facilement les peaux et de réduire la pulpe en purée.*

Petit plus

- *Faites sauter 200 g de champignons de Paris émincés dans une sauteuse à revêtement antiadhésif et entourez-en les escalopes.*

Brochettes de dinde en pita

Variante

- *Préparez des brochettes avec 300 g de blanc de poulet et 2 merguez coupés en petits morceaux, que vous déposerez dans de la baguette tartinée de moutarde et garnie de tomate.*

Astuce

- *Pour que la viande ne colle pas, huilez les brochettes en métal avant de les garnir. Serrez bien les ingrédients les uns contre les autres pour qu'ils restent juteux.*

Tour de main

- *Si votre gril n'est pas disponible, vous pouvez faire cuire les brochettes dans une poêle à revêtement antiadhésif.*

Pilaf de foies de volaille

Pour 4 personnes

- 400 g de foies de volaille
- 200 g de riz
- 1 gros oignon
- 1 gousse d'ail
- 1/2 cuill. à café de cumin en poudre
- 2 pincées de piment doux ou de paprika
- 1 cuill. à soupe de vinaigre de vin
- 2 cuill. à soupe d'huile
- sel, poivre

Préparation : 20 minutes **Cuisson :** 25 minutes

1 Épluchez l'oignon et hachez-le finement. Mettez 1 cuill. à soupe d'huile à chauffer dans une sauteuse et faites fondre l'oignon pendant 5 min. Ajoutez le riz, mélangez pendant 1 min, jusqu'à ce que les grains soient nacrés. Arrosez avec 30 cl d'eau salée. Couvrez et laissez cuire pendant 18 min à feu doux.

2 Rincez les foies de volaille et coupez-les en morceaux réguliers. Pelez l'ail et coupez-le en lamelles. Mettez le reste de l'huile et les lamelles d'ail à chauffer dans une poêle à revêtement antiadhésif. Lorsque l'ail est bien blond, retirez-le et jetez-le.

3 Mettez les foies de volaille dans l'huile aillée et faites-les cuire à feu assez vif de 3 à 4 min, en les retournant régulièrement. Poudrez-les de cumin et de piment, salez et poivrez.

4 Beurrez un moule à savarin. Versez le riz dedans, couvrez et laissez reposer quelques minutes.

5 Démoulez la couronne de riz sur un plat de service et déposez les foies de volaille au centre. Versez le vinaigre et 2 cuill. à soupe d'eau dans la poêle, faites bouillir en grattant le fond avec une spatule et arrosez les foies de ce jus.

Blancs de poulet à la crème d'oignons

Pour 4 personnes

- 4 blancs de poulet d'environ 150 g chacun
- 2 sachets de gratinée Minute Soup (Royco) d'environ 20 g chacun
- 20 cl de crème à 5 %
- 1/2 cuill. à café de cumin en poudre
- 1 citron
- 1/2 cuill. à soupe d'huile
- sel, poivre

Marinage : 1 à 2 heures **Préparation et cuisson :** 15 minutes

1 Salez et poivrez les blancs de poulet des deux côtés. Poudrez-les légèrement de cumin. Pressez le citron. Versez la moitié du jus dans une assiette creuse. Déposez dedans les blancs de poulet, arrosez-les avec le reste du jus de citron, couvrez et laissez mariner de 1 à 2 h.

2 Versez le contenu des sachets de gratinée dans un bol. Arrosez avec 15 cl d'eau bouillante et mélangez bien. Couvrez et laissez reposer.

3 Mettez l'huile à chauffer dans une poêle à revêtement antiadhésif. Faites blondir les blancs de poulet des deux côtés à feu moyen, puis laissez-les cuire pendant 5 min sur chaque face, à feu doux.

4 Retirez les blancs de poulet de la poêle. Versez-y la crème, ajoutez le contenu du bol. Portez à ébullition en prenant soin de toujours remuer avec une spatule. Laissez épaissir quelques secondes, puis filtrez la sauce au-dessus des blancs de poulet en appuyant avec une cuillère. Servez sans attendre.

Pilaf de foies de volaille

Variante

- *Remplacez le riz par une couronne de macaronis.*

Petits plus

- *Faites macérer les foies de volaille pendant 1 h avec un peu de cognac et 2 branches de thym effeuillées, puis, après la cuisson, flambez-les avec le cognac de macération.*
- *Égayez le centre de la couronne avec quelques lamelles de poivron grillé ou ajoutez des petits pois au riz.*

Blancs de poulet à la crème d'oignons

Conseils

- *Mettez les blancs de poulet dans un plat chaud et couvrez-les d'une assiette chaude retournée pendant que vous terminez la sauce.*
- *Si la sauce est trop épaisse, ajoutez-y un peu de citron de la marinade.*
- *Parsemez les blancs de poulet de ciboulette hachée.*

Filets de poulet à l'estragon, purée de pommes de terre et de poireaux

Pour 4 personnes

. 600 g de pommes de terre bintje
. 2 poireaux
. 10 cl de lait demi-écrémé
. 2 cuill. à soupe d'huile d'olive
. 400 g de blancs de poulet
. 1 petite botte d'estragon ciselé
. 2 oignons
. 1 gousse d'ail
. 2 cuill. à soupe de graines de sésame

Préparation : 25 minutes **Cuisson :** 20 minutes

1 Lavez et coupez les poireaux en julienne et faites-les revenir à feu doux 20 min dans l'huile d'olive.

2 Épluchez, lavez et faites cuire les pommes de terre 15 min à l'autocuiseur.

3 Réduisez-les en purée en ajoutant le lait, puis les poireaux, salez, poivrez. Réservez au chaud.

4 Épluchez et émincez finement les oignons.

5 Faites griller les graines de sésame dans une poêle à sec et réservez.

6 Découpez les filets de poulet en fines lanières.

7 Faites revenir les oignons et le poulet à la poêle dans un fond d'huile d'olive. Ajoutez l'ail coupé en petits dés.

8 Lorsque le poulet est cuit, ajoutez l'estragon et les graines de sésame. Servez avec la purée bien chaude.

Aumônières au poulet

Pour 4 personnes

. 8 feuilles de brik
. 2 blancs de poulet d'environ 150 g chacun
. 3 cuill. à soupe de velouté de bolets en sachet
. 10 g de beurre
. 1 cuill. à soupe de crème fraîche
. 1 cuill. à soupe de jus de citron
. 1 cuill. à soupe de ciboulette surgelée coupée
. sel

Préparation : 20 minutes **Cuisson :** 25 minutes

1 Faites chauffer le four à 180 °C (th. 6).

2 Délayez le velouté de bolets dans 30 cl d'eau froide. Portez à ébullition en remuant et laissez cuire doucement pendant 3 min. Retirez du feu, ajoutez la crème, le jus de citron et la ciboulette. Laissez tiédir.

3 Salez légèrement les blancs de poulet.
Mettez le beurre à fondre dans une poêle et faites cuire les blancs 3 min de chaque côté à feu moyen.
Coupez-les ensuite en petits dés et mélangez-les à la sauce précédente.

4 Pliez 4 feuilles de brik en quatre. Coupez-les en arrondi avec des ciseaux, à environ 5 cm du centre. Posez chacun des disques obtenus au centre d'une feuille de brik entière pour renforcer le fond des aumônières.

5 Déposez un quart de la préparation au poulet sur chaque disque. Relevez le bord tout autour, ramenez-le vers le centre et serrez en tordant légèrement.
Maintenez les aumônières fermées avec un tour de ficelle à cuisine.

6 Déposez les aumônières sur une plaque à pâtisserie, mettez au four et laissez cuire et dorer de 15 à 20 min. Servez sans attendre.

Filets de poulet à l'estragon, purée de pommes de terre et de poireaux

Variante

- *Cette recette peut être préparée façon hachis Parmentier. Il suffit de placer la purée avec une couche de viande environ 25 min au four.*
- *Si vous n'avez pas d'estragon, remplacez-le par du persil plat ou du thym.*

Tour de main

- *Si votre mélange poulet/oignons est trop sec après cuisson, déglacez la poêle avec un peu d'eau.*

Aumônières au poulet

Variantes

- *Le velouté de bolets peut être remplacé par de la crème de légumes printanière ou de la crème d'asperges.*
- *Relevez le velouté avec 1 cuill. de xérès ou de madère.*
- *Utilisez de l'escalope de dinde à la place du blanc de poulet ou encore un reste de rôti de veau.*

Tour de main

- *Ne serrez pas la ficelle, car elle risquerait de couper la feuille de brik ; faites un simple nœud lâche.*

Petit plus

- *Au moment de servir, coupez la ficelle et remplacez-la par un brin de ciboulette, ou une branche de cerfeuil ou de persil avec leurs feuilles, simplement noué.*

Poulet au citron épicé

Pour 4 personnes

. 1 poulet prêt à cuire de 1,4 kg coupé en morceaux
. 2 citrons
. 1 yaourt 1/2
. 2 branches de thym
. 1 poivron rouge
. 1 cuill. à soupe rase de curry
. 30 g de beurre
. sel

Préparation : 15 minutes **Marinage :** 2 heures **Cuisson :** 1 heure

1 Pressez les citrons. Mélangez 5 cuill. à soupe de jus avec le yaourt, le curry et le thym émietté. Salez.

2 Déposez les morceaux de poulet dans un plat à gratin puis nappez-les avec le mélange précédent. Laissez mariner 2 h.

3 Faites chauffer le four à 200 °C (th. 7). Lavez le poivron, retirez le pédoncule, les graines et les filaments blancs, hachez grossièrement la pulpe au couteau.

4 Mettez un peu de beurre sur chaque morceau de poulet. Entourez ceux-ci avec le poivron. Mettez au four et laissez cuire pendant une petite heure. Servez sans attendre.

Pansit

Pour 4 personnes

. 1 sachet de 250 g de nouilles chinoises
. 4 blancs de poulet
. 2 carottes
. 1/4 de chou blanc
. 200 g de haricots verts frais, congelés ou en conserve
. 2 oignons
. 1 cuill. à soupe de monosodium glutamate
. 4 cuill. à soupe de sauce de soja
. 50 g de beurre
. racine de gingembre frais

Préparation : 40 minutes **Cuisson :** 45 minutes

1 Coupez la viande et les légumes en fines lamelles.

2 Faites fondre le beurre dans une sauteuse, ajoutez la viande et les oignons émincés. Mélangez bien pendant quelques minutes.

3 Ajoutez les légumes, en mélangeant bien, dans l'ordre suivant : carottes, chou, haricots verts.

4 Ajoutez enfin un peu de gingembre finement coupé.

5 Laissez cuire, à feu doux, environ 10 min, en mélangeant de temps en temps.

6 Ajoutez environ 50 cl d'eau, le monosodium glutamate et la sauce de soja. Remuez et laissez cuire encore 30 min à feu doux.

7 Cassez les nouilles et ajoutez-les aux légumes, mélangez, couvrez et laissez cuire 5 min environ, toujours à feu doux, jusqu'à ce que les nouilles soient cuites et toute l'eau absorbée.

Poulet au citron épicé

Variante

- *Après 30 min de cuisson, glissez dans le four 4 longues courgettes coupées en deux, salées, badigeonnées d'huile d'olive et parsemées de thym. Laissez-les cuire 25 min, arrosez-les d'un peu de jus de citron et tartinez-les légèrement de purée d'ail en pot. Servez avec un peu de riz créole.*

Astuce

- *Retournez plusieurs fois les morceaux de poulet dans la marinade pour bien les enrober. Couvrez de film alimentaire et mettez au réfrigérateur.*

Pansit

Waterzoï de poulet

Pour 4 personnes

. 1 poulet prêt à cuire de 1,8 kg
. 400 g de carottes
. 1 kg de poireaux
. 1 gros bouquet de persil plat
. 2 tablettes de bouillon instantané de volaille
. 20 g de beurre
. 2 jaunes d'œufs
. 2 cuill. à soupe de crème fraîche épaisse
. sel, poivre

Préparation : 30 minutes **Cuisson :** 50 minutes

1 Coupez le poulet en 8 morceaux. Salez-les et poivrez-les. Pelez les carottes, coupez-les en quatre et recoupez-les en bâtonnets. Ôtez les racines et la première feuille des poireaux. Séparez le blanc du vert. Coupez les blancs en tronçons de 2 cm. Rincez-les. Lavez le vert des poireaux et le persil.

2 Faites fondre le beurre dans une cocotte. Déposez-y les carottes et les blancs de poireau. Mélangez, couvrez et laissez fondre les légumes 10 min à feu doux. Salez.

3 Déposez le poulet sur les légumes. Répartissez dessus les trois quarts des branches de persil et le vert des poireaux. Versez de l'eau bouillante à hauteur. Émiettez dessus les tablettes de bouillon. Couvrez la cocotte et laissez mijoter 40 min.

4 Lorsque la cuisson est achevée, jetez le persil et le vert des poireaux. Déposez le poulet et les légumes dans un plat creux ou dans une soupière. Faites réduire le bouillon de cuisson d'un tiers ou de moitié.

5 Hachez le reste du persil. Délayez les jaunes d'œufs avec la crème. Incorporez-les au bouillon réduit et mélangez 2 min sans laisser bouillir. Versez sur le poulet, parsemez du persil haché et servez.

Hauts de cuisse de poulet à la tomate

Pour 4 personnes

. 4 hauts de cuisse de poulet
. 300 g de tomates
. 3 branches de thym
. 8 grosses gousses d'ail
. 15 cl de lait
. 2 pincées de sucre
. 1 cuill. à soupe d'huile d'olive
. 2 cuill. à soupe de vinaigre de vin
. sel, poivre

Préparation : 30 minutes **Cuisson :** 45 minutes

1 Épluchez l'ail, coupez les gousses en deux et ôtez le germe. Mettez les gousses et le lait dans une petite casserole, portez à ébullition et laissez cuire doucement, pendant environ 20 min, jusqu'à ce qu'il n'y ait plus de liquide.

2 Pendant ce temps, pelez les tomates, ôtez le pédoncule et hachez-les grossièrement. Salez et poivrez les morceaux de poulet. Mettez l'huile à chauffer dans une sauteuse à revêtement antiadhésif. Faites dorer le poulet de tous côtés à feu moyen.

3 Versez le vinaigre dans la sauteuse, laissez évaporer en grattant le fond du récipient avec une spatule. Ajoutez les tomates, le thym et le sucre. Salez et poivrez. Versez 10 cl d'eau chaude. Couvrez et laissez cuire à feu doux pendant 30 min.

4 À la fin de la cuisson, déposez les hauts de cuisse sur un plat chaud. Jetez le thym. Mixez l'ail avec la sauce du poulet et nappez-en la volaille.

Waterzoï de poulet

Variantes

- *Supprimez le persil, ajoutez 100 g de riz à mi-cuisson, ne faites pas réduire le bouillon, remplacez la crème par du jus de citron et parsemez le plat d'aneth haché.*
- *Vous pouvez réaliser ce plat avec du poisson. Pour cela, faites cuire les légumes avec du fumet de poisson (préparation en poudre, puis faites cuire des filets de poisson blanc (merlan, cabillaud, julienne, etc.) taillés en languettes, à petits frémissements.*

Hauts de cuisse de poulet à la tomate

Astuces

- *Ajoutez du paprika ou une bonne pincée de piment à la préparation.*
- *Pour éviter que le lait attache, huilez le fond de la casserole dans laquelle cuiront les gousses d'ail.*

Rognons d'agneau poêlés

Pour 4 personnes

- 6 rognons d'agneau
- 1 cuill. à soupe de vinaigre de vin
- 1 cuill. à soupe de moutarde
- 10 cl de crème à 5 %
- 1 branche d'estragon (éventuellement de l'estragon surgelé)
- 10 g de beurre
- sel, poivre

Préparation et cuisson : 15 minutes

1 Retirez la pellicule transparente qui recouvre les rognons. Coupez ceux-ci en deux et éliminez les parties blanches qui se trouvent au centre. Rincez l'estragon, effeuillez-le et hachez grossièrement les feuilles.

2 Mettez le beurre à fondre dans une poêle à revêtement antiadhésif. Posez les demi-rognons dans la poêle, face coupée contre le fond. Faites-les cuire à feu assez vif pendant 2 min, puis retournez-les et laissez-les cuire encore 2 min. Retirez-les avec une spatule. Salez et poivrez.

3 Versez le vinaigre dans la poêle et grattez avec une spatule en bois pour dissoudre les sucs. Laissez évaporer presque totalement.

4 Ajoutez la moutarde et la crème, portez juste à ébullition en remuant. Incorporez l'estragon. Remettez les rognons dans la poêle, laissez-les réchauffer quelques secondes, puis servez sans attendre.

Jarret de porc grillé

Pour 4 personnes

- 1 jarret de porc frais
- 1 oignon
- 2 clous de girofle
- 3 gousses d'ail
- 1 bouquet garni
- 3 à 4 cuill. à soupe de moutarde forte
- 2 cuill. à soupe de cassonade
- 5 grains de poivre
- 1 poignée de gros sel

Préparation : 15 minutes **Cuisson :** 1 heure

1 Épluchez l'oignon et piquez-y les clous de girofle. Pelez l'ail et écrasez les gousses.

2 Faites bouillir de l'eau dans un autocuiseur, ajoutez l'oignon, l'ail, le bouquet garni, le gros sel et les grains de poivre. Plongez le jarret dans le liquide, fermez le récipient et laissez cuire 40 min à petit feu à partir du chuintement de la soupape.

3 Égouttez le jarret. Entaillez la couenne à intervalles réguliers avec un couteau pointu pour éviter qu'elle n'éclate. Mélangez la moutarde avec la cassonade et enduisez-en le jarret.

4 Posez le jarret sur une grille, au-dessus d'un plat à rôtir, et glissez-le sous le gril. Laissez-le dorer quelques minutes puis tournez-le régulièrement, jusqu'à ce qu'il soit grillé de tous côtés.

Rognons d'agneau poêlés

Variante

- *Ne faites cuire que 4 rognons et ajoutez 1 chipolata grillée par personne.*

Conseils

- *Interrompez la cuisson dès que le sang perle : un rognon trop cuit devient caoutchouteux.*
- *Pour que les rognons restent bien plats pendant la cuisson, transpercez-les avec 2 pique-olives croisés.*
- *Servez avec une purée de pommes de terre maison, ou avec des champignons sautés.*

Jarret de porc grillé

Conseil

- *Servez ce jarret avec une purée de pommes de terre ou de haricots blancs.*

Petit plus

- *Piquez une dizaine de clous de girofle régulièrement tout autour du jarret après l'avoir badigeonné de moutarde et de cassonade.*

Antigaspi

- *Préférez le jarret avant, plus charnu que le jarret arrière.*
- *Dégraissez et filtrez le jus de cuisson, ajoutez-y un peu de lard maigre, 1/4 de chou frisé haché et 1 pomme de terre en petits dés pour réaliser une soupe traditionnelle. Servez avec des tranches de pain grillées et parsemées de cantal râpé.*

Champignons farcis Cyril LIGNAC

Pour 4 personnes

. 12 gros champignons de Paris bien ouverts de 7 à 8 cm de diamètre
. 1 petit oignon
. 1 petite courgette
. 1 tranche de jambon de Paris
. 3 tranches de chorizo
. 3 branches de persil plat
. 1 cuill. à café de romarin frais haché
. 3 cuill. à soupe de parmesan râpé
. 1/2 cuill. à café de piment d'Espelette
. 2 cuill. à soupe d'huile d'olive
. sel, poivre du moulin

Préparation : 25 minutes **Cuisson :** 25 minutes

1 Préchauffez le four à 180 °C (th. 6).

2 Nettoyez les champignons sans les laver, en les essuyant avec du papier absorbant. Retirez le pied en le cassant au ras du chapeau.

3 Hachez en tout petits dés l'oignon, la courgette, le jambon et le chorizo. Hachez finement les feuilles de persil. Mélangez le tout puis ajoutez le romarin, le parmesan et le piment d'Espelette. Liez le mélange avec l'huile d'olive. Salez légèrement et poivrez.

4 Farcissez les champignons de ce mélange disposé en dôme. Déposez les champignons farcis dans un plat à gratin et faites-les cuire au four environ 25 min, ou jusqu'à ce que la farce soit légèrement dorée et qu'elle grésille.

5 Servez chaud, tiède ou froid.

Foie de porc aux petits raisins

Pour 4 personnes

. 500 g de foie de porc en tranches
. 3 cuill. à soupe de concentré de tomates
. 2 gousses d'ail
. 1 feuille de laurier
. 1 cuill. à café de bouillon de légumes en poudre
. 2 cuill. à soupe de raisins secs blonds
. 2 cuill. à soupe de farine
. 1 cuill. à soupe d'huile
. 3 cuill. à soupe de vinaigre de vin

Préparation et cuisson : 15 minutes

1 Coupez le foie en lanières et farinez-les soigneusement. Mettez le concentré de tomates dans une petite casserole. Pelez l'ail et passez les gousses au presse-ail au-dessus de la casserole. Ajoutez 20 cl d'eau, le laurier, le bouillon de légumes. Laissez frémir pendant 5 min.

2 Rincez les raisins secs. Ajoutez-les à la sauce et laissez mijoter à feu doux.

3 Pendant ce temps, faites chauffer l'huile dans une poêle à revêtement antiadhésif. Saisissez-y le foie à feu assez vif. Versez le vinaigre et grattez le fond de la poêle avec une spatule pour dissoudre les sucs.

4 Versez la sauce sur le foie, mélangez et servez sans attendre.

Champignons farcis

Foie de porc aux petits raisins

Variante

- *Vous pouvez préparer la même recette avec du foie d'agneau.*

Conseils

- *Faites rissoler 100 g de petits lardons maigres et ajoutez-les en fin de cuisson.*
- *Pour que le foie ne soit pas trop enrobé de farine, secouez les lanières farinées dans une passoire parfaitement sèche.*
- *Très fragile, le foie doit être acheté le jour même et placé au réfrigérateur dès le retour du marché, jusqu'au moment de la cuisson.*

Jambonneau au madère

Trempage : 12 à 24 heures **Préparation :** 10 minutes
Cuisson : 1 h 30

Pour 4 personnes

. 1 jambonneau demi-sel
. 1 carotte
. 1 oignon
. 2 clous de girofle
. le vert de 2 poireaux
. 3 branches de persil
. 1 feuille de laurier
. 2 cuill. à soupe de vinaigre de vin
. 1 cuill. à café de fécule
. 3 cuill. à soupe de madère
. 2 cuill. à soupe de crème semi-épaisse à 5 %
. 1 grosse cuill. à soupe de moutarde forte de Dijon
. 1 branche d'estragon
. quelques grains de poivre
. sel

1 Faites dessaler le jambonneau dans de l'eau froide. Renouvelez plusieurs fois l'eau de trempage et rincez le récipient à chaque fois.

2 Pelez l'oignon et piquez-y les clous de girofle. Rincez le vert de poireau et le persil. Grattez la carotte. Mettez ces ingrédients dans un faitout avec le laurier, le vinaigre, le poivre et le jambonneau. Couvrez d'eau froide, portez doucement à ébullition et laissez cuire environ 1 h 30 selon la taille du jambonneau.

3 Lorsque la viande est tendre, prélevez 30 cl du jus de cuisson et faites-le réduire de moitié.

4 Égouttez le jambonneau, coupez la viande en tranches et déposez-les sur un plat chaud.

5 Hachez les feuilles d'estragon. Délayez la fécule avec le madère. Versez dans le jus réduit et faites bouillir 2 min en remuant. Incorporez la crème, laissez bouillir encore 2 min, puis incorporez la moutarde et l'estragon. Vérifiez l'assaisonnement. Nappez la viande d'un peu de sauce et présentez le reste dans une saucière.

Moussaka aux courgettes

Préparation : 15 minutes **Cuisson :** 30 minutes

Pour 6 personnes

. 1 kg de courgettes
. 1 verre à moutarde de riz
. 4 steaks hachés à 5%
. 1/2 pot de coulis de tomates
. 3 œufs
. 4 yaourts nature
. sel, poivre

1 Préchauffez le four à 180 °C (th. 6). Coupez les courgettes en dés.

2 Émiettez les steaks dans un plat à four et faites-les cuire 10 min avec un peu d'eau.

3 Ajoutez les courgettes, le riz et 40 cl d'eau, mélangez et faites cuire au four pendant 20 min.

4 Sortez le plat du four et versez le coulis de tomates. Salez, poivrez, mélangez bien. Réservez quelques minutes au chaud.

5 Mélangez à la fourchette les œufs et les yaourts, puis versez cette préparation sur le plat.

6 Remettez-le à cuire pendant environ 10 min, afin d'obtenir une surface bien dorée.

Jambonneau au madère

Conseil

- *Servez avec des haricots rouges cuits pendant 1 h 30 – ou en boîte.*

Tours de main

- *Pour que la moutarde soit parfaitement incorporée, fouettez la sauce avec un petit fouet à main ou émulsionnez-la au mixeur plongeant.*
- *Filtrez le jus de cuisson à travers une passoire fine avant de le faire réduire.*

Moussaka aux courgettes

Couscous algérien

Pour 4 personnes

. 240 g de couscous à grain moyen
. 4 carottes
. 4 navets ronds
. 2 courgettes
. 1 branche de céleri
. 200 g de pois chiches
. 400 g de paleron de bœuf
. 400 g de poulet
. 100 g de beurre
. huile d'olive
. sel, poivre

Préparation : 1 h 30 **Cuisson :** 1 heure

1 Coupez la viande en gros cubes et faites-les dorer à l'huile d'olive dans une poêle antiadhésive. Salez, poivrez.

2 Faites revenir les légumes à part dans un peu d'huile d'olive. Salez, poivrez.

3 mélangez viandes et légumes, mettez-les dans le bas du couscoussier et arrosez-les de 1 litre d'eau bouillante ; laissez cuire 45 min.

4 mettez la graine de couscous dans la partie supérieure du couscoussier et laissez cuire 30 min, puis versez la graine dans un plat creux, roulez-la avec des petits morceaux de beurre et remettez-la au-dessus du couscoussier pour poursuivre la cuisson 30 min.

5 Ajoutez les pois chiches précuits à la fin de la cuisson et laissez encore mijoter 30 min à feu très doux.

Rosace d'artichauts du soleil

Pour 4 personnes

. 4 artichauts
. 2 aubergines
. 3 gousses d'ail
. 1/2 bouquet de persil
. huile d'olive
. 10 cl de crème à 15 %
. curry en poudre
. sel, poivre

Cuisson : 30 minutes

1 Lavez les artichauts et les aubergines.

2 Faites cuire les artichauts dans de l'eau bouillante salée puis rincez-les à l'eau froide.

3 Parez les artichauts, mettez de côté les feuilles, enlevez le foin des cœurs.

4 Graissez une plaque à four métallique avec de l'huile d'olive et préchauffez le four à 120 °C (th. 4). Coupez les aubergines en deux puis entaillez leur chair en croix. Posez-les sur la plaque et faites-les cuire 30 min au four.

5 Récupérez la chair des aubergines, mixez avec l'ail, le persil, 1 cuill. à café d'huile d'olive, sel et poivre.

6 Préparez la sauce : montez la crème légère avec 1/2 cuill. à café de curry, sel et poivre.

7 Dressez les aubergines mixées sur une assiette avec les feuilles d'artichaut disposées en rosace ; présentez la sauce à part.

Couscous algérien

Petit plus
Parfumez le bouillon en y ajoutant du quatre-épices et du cumin.

Antigaspi
Ce plat se réchauffe très bien et peut donc être consommé sur 2 ou 3 jours, ou même congelé.

Tour de main
Roulez la graine à la main avec de petites noix de beurre.

Rosace d'artichauts du soleil

Variante
- *Pour faire un plat complet, faites revenir à la poêle antiadhésive la chair de 4 steaks hachés à 5% de matière grasse. Mixez avec la préparation aux aubergines. Présentez de la même façon en rosace.*

Purée aux trois légumes

Pour 4 personnes

- 600 g de courge sucrine
- 250 g de carottes
- 150 g de céleri-rave
- 3 gousses d'ail
- 40 g de fromage frais demi-sel
- sel

Préparation : 15 minutes **Cuisson :** 30 minutes

1 Retirez les pépins, les filaments et la peau de la courge, taillez la chair en gros cubes. Grattez les carottes et coupez-les en grosses rondelles. Pelez le céleri et coupez-le en morceaux. Pelez l'ail et coupez les gousses en deux.

2 Mettez les carottes et le céleri dans une casserole avec 10 cl d'eau. Salez. Portez à ébullition, couvrez, laissez cuire 5 min puis ajoutez la courge et l'ail. Remettez le couvercle et laissez cuire pendant 25 minutes à feu doux.

3 Égouttez les légumes, passez-les au robot pour les réduire en purée, ajoutez le fromage frais et faites à nouveau fonctionner l'appareil. Servez cette purée avec un rôti de veau ou de porc.

Tourte aux épinards

Pour 4 personnes

- 500 g d'épinards en conserve ou surgelés
- 250 g de mozzarella
- 1/2 brique de crème fraîche à 15 %
- 1 pâte brisée
- sel, poivre

Préparation : 10 minutes **Cuisson :** 25 minutes

1 Étalez la pâte dans un moule et piquez-la à la fourchette ; faites préchauffer le four à 180 °C (th. 6).

2 Faites « sécher » les épinards dans une poêle antiadhésive.

3 Divisez tous les ingrédients en deux portions, et mettez une première couche d'épinards, une couche de crème, une couche de mozzarella sur la pâte.
Salez, poivrez.

4 Répétez l'étape 3 avec la seconde portion des ingrédients.

5 Enfournez et laisser cuire (25 min environ), jusqu'à ce que la tarte soit bien dorée.

Purée aux trois légumes

Variante

- *Réalisez une simple purée en faisant cuire 1 kg de potiron avec 2 oignons en lamelles et 1 tablette de bouillon de volaille.*

Astuces

- *Réduisez les légumes en purée sans les mélanger pour les présenter comme sur la photo.*
- *La courge sucrine est un peu plus sucrée et possède une chair un peu plus dense que celle du gros potiron, mais celui-ci peut aussi convenir.*

Tourte aux épinards

Petit plus

- *Ajoutez un peu de gruyère sur la tarte avant de la passer au four.*

Salsifis à la normande

Pour 4 personnes

. 700 g de salsifis
. 3 échalotes
. 25 cl de cidre
. 1 cuill. à soupe de farine
. 2 cuill. à soupe de crème fraîche
. 1 cuill. à café de moutarde forte
. quelques brins de ciboulette
. 1 cuill. à soupe de jus de citron
. 2 cuill. à soupe de vinaigre d'alcool
. 20 g de beurre
. sel

Préparation : 15 minutes **Trempage :** 15 minutes
Cuisson : 30 minutes

1 Pelez les salsifis, ôtez la partie feuillue et l'extrémité pointue, lavez-les, coupez-les en tronçons biseautés de 5 cm, mettez-les au fur et à mesure dans de l'eau additionnée du vinaigre d'alcool. Laissez-les tremper 15 min.

2 Faites bouillir une casserole d'eau, salez, ajoutez le jus de citron. Égouttez les salsifis, plongez-les dans l'eau bouillante et laissez-les cuire 15 min.

3 Pelez les échalotes et hachez-les finement. Mettez le beurre à fondre dans une casserole. Ajoutez les échalotes et faites-les revenir 3 min, sans les laisser dorer. Poudrez de farine, mélangez, arrosez avec le cidre, portez à ébullition en remuant, incorporez la crème et la moutarde.

4 Égouttez les salsifis, mettez-les dans la sauce et laissez mijoter 2 min. Hachez la ciboulette et parsemez-en les légumes.

Petits flans de légumes verts

Pour 4 personnes

. 300 g de haricots mangetout
. 150 g de blancs de poireau
. 200 g de courgettes
. 1 gousse d'ail
. 2 pincées d'épices tandoori
. 1 œuf
. 1 cuill. à soupe de crème épaisse
. beurre
. sel, poivre

Préparation : 15 minutes **Cuisson :** 40 minutes

1 Coupez les blancs de poireau en fines lamelles, lavez-les, faites-les cuire à couvert avec 2 cuill. à soupe d'eau pendant 20 min.

2 Pelez les courgettes, coupez-les en petits dés, ajoutez-les aux poireaux 10 min avant la fin de la cuisson. Égouttez le tout.

3 Équeutez les haricots mangetout, lavez-les, plongez-les dans une casserole d'eau bouillante salée et laissez-les cuire pendant 10 min.

4 Faites chauffer le four à 200 °C (th. 7). Beurrez 4 ramequins d'environ 10 cl de contenance.

5 Égouttez les haricots et passez-les au robot. Pelez l'ail, écrasez-le au presse-ail au-dessus du robot. Ajoutez les poireaux et les courgettes. Faites à nouveau fonctionner l'appareil. Salez et poivrez. Incorporez les épices tandoori, l'œuf et la crème.

6 Répartissez la préparation entre les 4 ramequins. Enfournez pendant 20 min.

7 Passez la lame d'un couteau tout autour des ramequins pour démouler les flans et servez-les chauds.

Salsifis à la normande

Variante

- *Égouttez les salsifis, faites-les revenir dans une sauteuse avec de l'huile d'olive, ajoutez 2 gousses d'ail hachées, laissez cuire 5 min puis parsemez de persil plat haché.*

Conseils

- *Au moment de servir, parsemez le plat de cerneaux de noix hachés grossièrement.*
- *Vous pouvez utiliser des salsifis surgelés.*

Petits flans de légumes verts

Variantes

- *Remplacez les haricots mangetout par des petits pois en boîte.*
- *Si vous n'avez pas d'épices tandoori, employez du curry.*

Ratatouille à la citrouille

Pour 4 personnes

. 1 poivron vert
. 4 tomates moyennes
. 1 courgette
. 500 g de potiron
. 1 oignon
. 2 gousses d'ail
. 1 cuill. à soupe de bouillon de légumes en poudre
. piment en poudre
. 1 cuill. à soupe d'huile d'olive
. sel, poivre

Préparation : 15 minutes **Cuisson :** 35 minutes

1 Rincez le poivron, retirez le pédoncule, les graines et les filaments blancs. Coupez la pulpe en dés. Ôtez les graines et les filaments du potiron, retirez la peau et coupez la chair en dés. Rincez la courgette, ôtez les extrémités et taillez-la en dés. Lavez les tomates, retirez le pédoncule, coupez-les en rondelles. Pelez l'oignon et hachez-le. Pelez l'ail et écrasez les gousses.

2 Mettez l'huile à chauffer dans une sauteuse à revêtement antiadhésif. Faites blondir l'oignon. Ajoutez le poivron, le potiron, la courgette, les tomates et l'ail.

3 Poudrez avec le bouillon, salez, poivrez, pimentez légèrement. Couvrez la sauteuse et laissez cuire à feu doux pendant 30 min, en remuant de temps en temps.

Purée de patidou

Pour 4 personnes

. 1 patidou d'environ 500 g (variété de courge appelée aussi sweet dumpling)
. 1 cuill. à soupe d'huile d'olive
. sel, poivre

Préparation : 10 minutes **Cuisson :** 50 minutes

1 Préchauffez le four à 200 °C (th. 7). Passez le patidou sous l'eau. Coupez-le en deux, de haut en bas. Ôtez les graines avec une cuillère à pamplemousse.

2 Déposez les deux moitiés de patidou dans un plat à four. Salez et poivrez l'intérieur. Badigeonnez d'huile d'olive. Couvrez d'aluminium ménager et mettez à cuire au four pendant 50 min.

3 Lorsque le patidou est tendre, sortez-le du four. Prélevez la chair avec une cuillère à soupe. Écrasez-la grossièrement à la fourchette. Servez chaud.
Notez que la peau du patidou s'attendrit considérablement à la cuisson et que certains aiment la consommer avec la chair.

Ratatouille à la citrouille

Tours de main

- *Pelez finement la courgette (avec un rasoir à légumes) si vous craignez que la peau ne soit un peu amère.*
- *Pour la couper en dés, taillez-la d'abord en quatre, de haut en bas, puis recoupez les morceaux en tronçons de 2 cm.*

Antigaspi

Le bouillon de légumes en poudre est vendu en boîtes hermétiques dans les magasins de produits diététiques et en grande surface. Si vous refermez soigneusement la boîte après chaque utilisation, il se gardera plusieurs mois. Attention : vérifiez bien qu'il n'est pas salé. Dans le cas contraire, salez plus légèrement.

Purée de patidou

Petits plus

- *Ajoutez de la crème, du beurre ou du parmesan râpé à la purée. Agrémentez-la de pignons de pin.*
- *Servez cette purée avec une viande grillée, une volaille ou du boudin blanc également accompagné de pommes-fruits sautées.*

Tours de main

- *Vérifiez la cuisson en enfonçant la pointe d'un couteau dans la chair du légume : elle ne doit pas rencontrer de résistance.*
- *Pour ne pas vous brûler en prélevant la chair, protégez la main qui tient le patidou avec un gant. Ou bien laissez tiédir le patidou dans le four, il se pèlera plus facilement. Faites ensuite réchauffer la purée au four à micro-ondes.*

Potiron au miel et aux raisins secs

Pour 4 personnes

- 1 kg de potiron
- 2 oignons
- 2 gousses d'ail
- 1 cuill. à soupe de raisins secs
- 2 cuill. à café de miel
- 2 cuill. à café de ras-el-hanout (épices à couscous)
- 1 tablette de bouillon de viande ou de volaille
- sel, poivre

Préparation : 10 minutes **Cuisson :** 30 minutes

1 Retirez la peau, les graines et les filaments du potiron. Coupez la pulpe en morceaux réguliers. Épluchez les oignons et hachez-les. Pelez l'ail et écrasez-le.

2 Mettez le potiron, les oignons et l'ail dans une casserole. Émiettez dessus la tablette de bouillon. Salez. Ajoutez 10 cl d'eau. Couvrez et laissez cuire 15 min. Pendant ce temps, rincez soigneusement les raisins secs.

3 Après 15 min de cuisson, poudrez le potiron avec le ras-el-hanout. Ajoutez les raisins secs et le miel. Poivrez. Mélangez. Couvrez.

4 Laissez cuire encore de 10 à 15 min à feu doux, jusqu'à ce que le potiron soit tendre. Servez chaud dans un joli légumier.

Châtaignes aux carottes

Pour 4 personnes

- 300 g de châtaignes
- 3 carottes
- 2 branches de thym
- 1/2 cuill. à café de graines de fenouil
- 1 cuill. à soupe d'huile
- sel, poivre

Préparation : 30 minutes **Cuisson :** 30 minutes

1 À l'aide d'un couteau pointu, faites une incision circulaire autour des châtaignes.

2 Faites bouillir une casserole d'eau, jetez-y les châtaignes et laissez-les bouillir pendant 10 min.

3 Retirez les châtaignes de l'eau avec une écumoire et ôtez les deux peaux.

4 Pelez les carottes et coupez-les en rondelles.

5 Mettez l'huile à chauffer dans une casserole. Ajoutez les châtaignes et les carottes. Faites-les blondir pendant 5 min en remuant. Arrosez avec 10 cl d'eau. Ajoutez le thym et les graines de fenouil. Laissez cuire environ 30 min à découvert. Salez et poivrez 10 min avant la fin de la cuisson.

Potiron au miel et aux raisins secs

Conseil

- *Ajoutez un peu de beurre frais et incorporez éventuellement quelques amandes entières au moment de servir.*

Tours de main

- *Vérifiez au cours de la cuisson que le potiron n'attache pas. Si cela se produisait, rajoutez un peu d'eau chaude.*
- *S'il y a trop de liquide, ôtez le couvercle et laissez évaporer pendant quelques minutes.*

Châtaignes aux carottes

Conseil

- *Ajoutez quelques petits lardons fumés ou des petits oignons grelots cuits à blanc.*

Tours de main

- *Ajoutez 1 cuill. à soupe d'huile dans l'eau des châtaignes pour assouplir l'écorce et faciliter l'épluchage.*
- *Secouez la casserole plusieurs fois au cours de la cuisson.*
- *Ne sortez que quelques châtaignes à la fois : elles s'épluchent beaucoup plus facilement lorsqu'elles sont très chaudes. Effectuez éventuellement cette opération avec des gants.*

Antigaspi

- *Réalisez cette recette en saison, avec des châtaignes que vous aurez ramassées en forêt.*

Fondue de chou frisé

Pour 4 personnes

. 1/2 chou vert frisé
. 1 carotte
. 1 pomme
. 20 g de beurre
. sel, poivre

Préparation : 10 minutes **Cuisson :** 40 minutes

1 Faites bouillir une casserole d'eau. Retirez le trognon du chou. Coupez les feuilles en fines lanières. Plongez-les dans l'eau bouillante, salez et laissez cuire pendant 15 min.

2 Pelez la carotte et coupez-la en dés. Ajoutez-la au chou et laissez cuire encore 15 min.

3 Épluchez la pomme, coupez-la en lamelles puis en dés.

4 Égouttez le chou et la carotte. Mettez-les dans une casserole avec la pomme. Couvrez et laissez compoter à feu doux 10 min, en remuant de temps en temps. Poivrez. Ajoutez le beurre et servez avec un rôti ou des côtes de porc, ou encore avec des saucisses.

Allumettes de céleri à la tomate

Pour 4 personnes

. 1 boule de céleri-rave
. 600 g de tomates
. 2 oignons
. 2 gousses d'ail
. 2 pincées d'herbes de Provence
. 1 cuill. à soupe d'huile d'olive
. 1/2 cuill. à café de sucre
. sel, poivre

Préparation : 25 minutes **Cuisson :** 65 minutes

1 Pelez les oignons et coupez-les en lamelles. Pelez les tomates et hachez-les grossièrement au couteau. Pelez l'ail et hachez-le.

2 Versez l'huile d'olive dans une casserole. Faites fondre les oignons pendant 5 min. Ajoutez les tomates, l'ail, les herbes de Provence et le sucre. Salez et poivrez. Couvrez et laissez cuire 30 min à feu doux.

3 Pelez le céleri, coupez-le en tranches et recoupez celles-ci en allumettes de 5 mm d'épaisseur. Ajoutez le céleri dans la sauce à la tomate. Laissez reprendre l'ébullition, couvrez et faites cuire pendant 30 min à feu doux.

Fondue de chou frisé

Conseil

- *Ajoutez quelques pruneaux en même temps que la pomme.*

Tour de main

- *Coupez le demi-chou en deux, posez chaque moitié sur une planche à découper et recoupez-les en tranches fines, qui se déferont en lamelles.*

Allumettes de céleri à la tomate

Variante

- *Laissez cuire les allumettes de céleri pendant 15 min dans de l'eau bouillante salée. Égouttez-les. Faites-les dorer avec 30 g de beurre et 3 cuill. à soupe de raisins secs pendant 5 min, en remuant régulièrement.*

Petit plus

- *Servez ce céleri avec du veau, du porc ou de la volaille pochée.*

Potée aux haricots rouges

Pour 4 personnes

- 1/2 boîte de haricots rouges (poids net égoutté : 280 g)
- 2 blancs de poireau
- 2 carottes
- 1/2 petit chou vert
- 30 g de lard fumé maigre
- sel

Préparation : 10 minutes **Cuisson :** 25 minutes

1 Retirez les racines et la première feuille des blancs de poireau. Lavez-les et coupez-les en tronçons de 2 cm. Pelez les carottes et taillez-les en petits dés.

2 Ôtez le trognon et les côtes dures du chou. Coupez-le en lanières et rincez-les. Coupez le lard en petits bâtonnets puis recoupez-les en deux.

3 Mettez le lard dans une casserole à revêtement antiadhésif. Ajoutez les poireaux, les carottes et le chou. Versez quelques cuillerées à soupe d'eau. Salez légèrement. Couvrez et faites cuire à feu doux.

4 Après 20 min de cuisson, ajoutez le contenu de la boîte de haricots dans la casserole. Laissez chauffer doucement pendant 5 min.

Potée aux haricots rouges

Variante

- *Remplacez le chou par des tomates en boîte, ajoutez une petite boîte de maïs, parfumez avec du cumin et de la coriandre en poudre et relevez le tout de 1 pincée de piment.*

Conseils

- *Servez ces haricots avec du jambonneau ou du travers de porc.*
- *Rincez les lanières de chou dans de l'eau froide légèrement vinaigrée pour faire sortir les petits insectes. Plongez-les ensuite 5 min dans de l'eau bouillante salée pour les rendre plus digestes.*
- *Retirez la couenne, le gras et les cartilages du lard avant de le couper en lardons.*

Desserts

Couronne de pommes aux kiwis

Pour 4 personnes

. 1,2 kg de pommes
. 2 kiwis
. 100 g de sucre
. 1 feuille 1/2 de gélatine
. 1/2 cuill. à café d'extrait de vanille
. huile d'arachide

Préparation et cuisson : 20 minutes
Réfrigération : 4 heures maximum

1 Pelez les pommes avec un couteau économe. Coupez-les en quatre, retirez le cœur et les pépins puis recoupez chaque quartier en 3 lamelles.

2 Mettez les lamelles de pomme dans une sauteuse avec le sucre. Couvrez et laissez cuire 15 min à feu doux.

3 Faites tremper la gélatine dans un bol d'eau froide.

4 Retirez le couvercle de la sauteuse et laissez cuire les pommes à découvert encore 5 min.

5 Égouttez la gélatine avec les doigts, ajoutez-la aux pommes hors du feu et mélangez délicatement pour ne pas écraser les fruits. Parfumez avec l'extrait de vanille.

6 Épluchez les kiwis et coupez-les en petits dés. Huilez un petit moule en couronne et déposez la moitié des pommes dedans. Éparpillez dessus les dés de kiwi. Recouvrez avec le reste des pommes. Laissez reposer de 3 à 4 h au réfrigérateur.

7 Démoulez dans un plat de service et servez bien frais.

Mousse à l'orange

Pour 4 personnes

. 2 ou 3 oranges à jus
. 1 citron vert
. 3 œufs
. 120 g de sucre en poudre
. 1 cuill. à soupe de fécule
. 1 cuill. à soupe de Cointreau
. sel

Préparation et cuisson : 10 minutes **Refroidissement :** 1 heure

1 Cassez les œufs en séparant les blancs des jaunes. Mettez les jaunes dans une jatte avec 60 g de sucre. Battez au fouet à main jusqu'à ce que le mélange blanchisse et devienne mousseux. Incorporez la fécule. Ajoutez le zeste du citron après l'avoir lavé et essuyé.

2 Pressez les oranges. Versez 25 cl de jus sur les jaunes d'œufs, mélangez. Versez le tout dans une casserole et faites cuire à feu doux, en remuant sans cesse avec une cuillère en bois, jusqu'à ce que le mélange commence à bouillir et à épaissir. Retirez du feu. Ajoutez le Cointreau. Laissez refroidir 1 h.

3 30 min avant de servir, ajoutez 1 pincée de sel aux blancs d'œufs et fouettez-les. Lorsqu'ils sont en neige molle, ajoutez peu à peu le reste du sucre, en continuant à fouetter jusqu'à obtention d'une meringue brillante.

4 Incorporez la meringue à la crème. Répartissez la préparation dans des coupes à dessert. Mettez au réfrigérateur jusqu'au moment de servir.

Couronne de pommes aux kiwis

Variante

- *Coupez les pommes en rondelles de 5 mm d'épaisseur. Faites-les cuire dans un sirop préparé avec 200 g de sucre et 10 cl d'eau jusqu'à ce qu'elles soient transparentes. Ajoutez 1 cuill. à soupe de fécule délayée avec le jus de 1 citron et mélangez délicatement pendant 1 min. Tassez les pommes dans un moule en couronne graissé. Laissez plusieurs heures au réfrigérateur. Servez avec une crème anglaise.*

Mousse à l'orange

Petit plus

- *Garnissez les coupes de zestes confits ou de copeaux de chocolat.*

Tours de main

- *Plongez la casserole dans l'eau froide pour stopper la cuisson et refroidir plus rapidement la crème. Pour éviter la formation d'une peau, posez un disque de papier sulfurisé beurré à la surface de la crème.*
- *Ne laissez pas la crème trop longtemps au réfrigérateur, car la meringue risque de s'affaisser.*

Antigaspi

- *Vous pouvez conserver le citron vert râpé quelques jours dans le bac à légumes du réfrigérateur, mais n'attendez pas trop longtemps pour l'utiliser : c'est délicieux dans une salade de fruits, sur de la volaille grillée ou du poisson.*

Crumble pommes-poires

Pour 4 personnes

. 6 pommes de saison ou 600 g de compote de pommes
. 1 poire
. 6 sablés
. 25 g de beurre

Préparation : 35 minutes **Cuisson :** 25 minutes

1 Faites ramollir le beurre. Épluchez les fruits, épépinez et coupez-les en quatre puis mettez-les dans une casserole avec 20 cl d'eau. Laissez-les cuire 20 min doucement et à couvert, en surveillant que cela n'attache pas (rajoutez éventuellement de l'eau).

2 Écrasez les pommes et la poire cuites à la fourchette, et versez cette compote dans un moule à gratin. Préchauffez le four à 180 °C (th. 6).

3 Réduisez les sablés en miette à la main et incorporez le beurre en pommade pour obtenir un mélange sableux.

4 Répartissez ce mélange sur la compote et mettez au four 25 min.

Petit plus

- *Accompagnez ce délicieux dessert de confiture de fruits rouges.*

Fromage frais, compote maison façon crumble

Pour 4 personnes

. 500 g de fromage frais de campagne
. 3 pommes
. 2 poires
. 40 g de sucre
. 80 g de biscuits type spéculoos
. 1 cuill. a soupe de fleur d'oranger

Préparation : 20 minutes **Cuisson :** 15 minutes

1 Épluchez les fruits et coupez-les en petits morceaux.

2 Faites-les compoter à feux doux, laissez tiédir et mettez au réfrigérateur.

3 Battez le fromage frais avec le sucre et l'eau de fleur d'oranger.

4 Au moment de servir, déposez la compote sur le fromage frais.

5 Écrasez grossièrement les biscuits et répartissez-les sur la compote.

Variante

- *Remplacez la poire par de l'ananas, des figues fraîches… ou tout autre fruit.*
- *Pour une recette plus légère, utilisez du fromage frais à 0 %.*

Pâte de yaourt aux fruits rouges

Pour 4 personnes

. 6 yaourts nature
. 300 g de fruits rouges au choix
. 250 g de framboises
. 4 cuill. à soupe de sucre glace
. 1 cuill. à soupe de Grand Marnier

Préparation : 20 minutes **Égouttage :** 12 heures

1 Tapissez de gaze une passoire fine et posez-la au-dessus d'une jatte. Versez-y les yaourts, couvrez de film alimentaire et mettez à égoutter au réfrigérateur pendant 12 h.

2 Passez les framboises au robot puis au tamis pour éliminer les pépins. Ajoutez le sucre glace et le Grand Marnier. Réservez au frais.

3 Moulez la pâte de yaourt dans 4 petits récipients et laissez reposer 10 min.

4 Nettoyez les fruits rouges. Démoulez la pâte de yaourt sur des assiettes à dessert, disposez les fruits rouges tout autour et nappez de coulis de framboises au Grand Marnier.

Pâte de yaourt aux fruits rouges

Conseils

- *Ajoutez un peu de crème fraîche sur la pâte de yaourt avant de mettre les fruits rouges.*
- *Pour donner une jolie forme à la pâte de yaourt, utilisez des moules à darioles ou des verres à porto. Tassez bien en tapant les récipients contre le plan de travail.*

Antigaspi

- *Cette pâte de yaourt se conserve 2 semaines au réfrigérateur. Vous pouvez mouler le reste en forme de boules, les rouler dans de la ciboulette hachée et en garnir une salade.*

Riz au lait, tartare de pommes vertes

Pour 4 personnes

. 80 g de riz Ambrosio
. 1 litre de lait demi-écrémé
. 100 g de sucre
. 1 jaune d'œuf
. 1 gousse de vanille
. 2 pommes vertes
. 1 citron

Préparation : 15 minutes **Cuisson :** 30 minutes

1 Faites bouillir le lait puis faites-y cuire le riz avec la moitié de la gousse de vanille grattée.

2 Battez le jaune d'œuf avec 80 g de sucre jusqu'à ce que le mélange blanchisse.

3 Versez-le dans le riz en fin de cuisson. Mélangez bien. Réservez au réfrigérateur.

4 Lavez les pommes vertes, coupez-les en deux, videz-les sans les éplucher.

5 Coupez les pommes en petits dés, citronnez-les et ajoutez les 20 g de sucre restants.

6 Dressez le riz au lait dans des verres et disposer les dés de pomme dessus. Servez bien frais.

Bavarois à la citronnelle et au basilic

Pour 4 personnes

Pour le sirop
. 100 g de sucre
. 30 g de glucose
. 1 tige de citronnelle
. 1/2 bouquet de basilic

Pour le bavarois
. 350 g de crème liquide à 15 %
. 3 1/2 feuilles de gélatine
. 1 goutte de vanille liquide
. 1/2 bouquet de basilic ciselé

Préparation : 25 minutes **Cuisson :** 10 minutes
Réfrigération : 4 heures

1 Préparez le sirop : faites chauffer 20 cl d'eau, le sucre et le glucose.

2 Pendant ce temps, faites fondre les feuilles de gélatine dans l'eau froide et coupez la tige de citronnelle en petits tronçons.

3 Dès les premiers bouillons, ajoutez le basilic et la citronnelle, puis reprenez l'ébullition à petits bouillons.

4 Montez la crème liquide en crème fouettée et ajoutez la vanille. Réservez le saladier au frais.

5 Passez le sirop au chinois et reversez-le dans la casserole.

6 Faites bouillir le sirop 2 à 3 min supplémentaires puis ajoutez la gélatine essorée en fouettant vivement pour qu'elle se mélange bien. Laissez tiédir.

7 Versez le sirop dans un récipient, ajoutez le basilic ciselé et la crème montée. Mélangez bien le tout.

8 Répartissez la préparation dans des pots individuels et mettez-les au réfrigérateur 4 h minimum.

9 Au moment de servir, démoulez les bavarois sur les assiettes. Décorez avec quelques fraises et un peu de basilic.

Riz au lait, tartare de pommes vertes

Bavarois à la citronnelle et au basilic

Astuces

- *Si vous n'avez pas de citronnelle dans votre jardin, vous trouverez des bâtons de citronnelle dans les épiceries chinoises.*
- *Vous pouvez également faire prendre les bavarois dans des verres et les servir directement en décorant le dessus du verre.*
- *Si vous le souhaitez, préparez un peu plus de sirop et réservez-en pour décorer l'assiette de service.*

Coupes pralinées à la rhubarbe

Pour 4 personnes

- . 500 g de jeune rhubarbe
- . 250 g de framboises
- . 25 cl de glace pralinée
- . 10 morceaux de sucre
- . 15 cl de muscat de Rivesaltes ou de Frontignan
- . 2 cuill. à café de jus de citron

Préparation : 10 minutes **Cuisson :** 20 minutes

1 Coupez la base du pied de la rhubarbe, pelez les tiges et coupez-les en tronçons de 2 cm. Mettez le sucre en morceaux dans une casserole avec 1 cuill. à soupe d'eau. Laissez fondre à feu doux, portez à ébullition puis ajoutez le muscat et le jus de citron.

2 Déposez les tronçons de rhubarbe dans le liquide à ébullition et faites cuire de 10 à 15 min, jusqu'à ce que la rhubarbe soit tendre. Laissez refroidir.

3 Répartissez la rhubarbe et son jus de cuisson dans 4 coupes à dessert. Moulez la glace à l'aide de 2 cuillères à soupe et déposez cette quenelle sur la rhubarbe. Parsemez le tout de framboises.

Tarte à l'orange

Pour 6 personnes

- . 350 g de pâte brisée
- . 6 oranges
- . 150 g de sucre
- . 25 g de beurre
- . 1 œuf

Préparation : 30 minutes **Cuisson :** 25 minutes

1 Étalez la pâte dans un moule d'environ 25 cm de diamètre. Piquez le fond à la fourchette.

2 Râper le zeste de 1 orange et pressez-la.

3 Mélangez à la fourchette l'œuf, 125 g de sucre, le zeste et le jus d'orange.

4 Pelez à vif les 5 autres oranges, puis coupez-les en rondelles le plus fines possible. Préchauffez le four à 200 °C (th. 7).

5 Versez le mélange sur le fond de tarte et disposez les rondelles d'orange dessus, en les faisant se chevaucher joliment.

6 Faites fondre le beurre, versez-le sur la tarte et saupoudrez du sucre restant.

7 Mettez au four 25 min environ.

8 Laissez tiédir avant de démouler, et servez froid.

Coupes pralinées à la rhubarbe

Variante

- *Remplacez la glace pralinée par de la glace à la pistache ou au nougat, et les framboises par des lamelles de fraise.*

Antigaspi

- *Préférez la jeune rhubarbe qui, en début de saison, ne nécessite aucun épluchage et n'a pas de déchets. Sinon, augmentez la quantité d'un tiers.*

Tarte à l'orange

Coupes de fruits au sabayon

Pour 4 personnes

- 2 œufs + 1 jaune
- 50 g de sucre
- 10 cl de muscat de Rivesaltes ou de Frontignan
- 2 feuilles de gélatine
- 10 cl de crème fraîche liquide
- 150 g de fraises
- 100 g de framboises

Préparation et cuisson : 30 minutes **Réfrigération :** 3 heures

1 Mettez la gélatine à tremper dans de l'eau froide et faites chauffer de l'eau dans une casserole.

2 Cassez 1 œuf dans un grand saladier. Cassez le deuxième œuf en séparant le blanc du jaune, mettez le blanc dans un bol et versez le jaune dans le saladier ainsi que le dernier jaune et le sucre. Fouettez pour obtenir un mélange mousseux.

3 Placez le saladier au-dessus de la casserole d'eau frémissante et battez au fouet électrique tout en versant peu à peu le muscat. Continuez à fouetter pendant environ 10 min, jusqu'à ce que le mélange ait au moins triplé de volume et soit tiède sous le doigt.

4 Égouttez la gélatine, mettez-la dans une petite casserole avec 3 cuill. à soupe d'eau et faites chauffer doucement jusqu'à ce qu'elle soit fondue. Versez-la dans la préparation aux œufs tout en continuant à fouetter.

5 Posez le saladier dans de l'eau froide et continuez à fouetter pendant environ 5 min, jusqu'à ce que le mélange soit froid.

6 Fouettez la crème fraîche jusqu'à ce qu'elle soit mousseuse et ait doublé de volume puis incorporez-la à la mousse. Battez ensuite le blanc d'œuf en neige ferme et ajoutez-le délicatement à la préparation. Répartissez ce sabayon dans 4 coupes à dessert.

7 Lavez rapidement les fraises, épongez-les, équeutez-les et coupez-les en dés. Répartissez fraises et framboises dans le sabayon, sans mélanger. Entreposez les coupes au réfrigérateur pendant 3 h minimum. Servez très frais.

Pommes au four à la normande

Pour 4 personnes

- 4 belles pommes qui ne fondent pas à la cuisson (granny-smith ou golden)
- 4 cuill. à café de miel
- 10 cl de cidre
- 20 g de beurre
- 1/2 citron

Préparation : 10 minutes **Cuisson :** 40 minutes

1 Préchauffez le four à 170 °C (th. 5-6). Beurrez légèrement un plat à gratin.

2 Évidez les pommes puis pelez-les. Frottez-les avec le demi-citron et posez-les dans le plat beurré. Répartissez le miel et le reste du beurre à l'intérieur des fruits.

3 Versez le cidre dans le plat. Enfournez et laissez cuire pendant environ 40 min, jusqu'à ce que les fruits soient tendres. Arrosez les pommes deux ou trois fois au cours de la cuisson avec le jus contenu dans le plat. Laissez reposer de 5 à 10 min avant de servir.

Minestrone de fruits au jus parfumé au basilic

Cyril LIGNAC

1 EURO 1 EURO

Pour 4 personnes

Pour le jus au basilic

. 70 g de sucre
. le zeste râpé de 1 citron vert
. 1 gousse de vanille
. 5 feuilles de basilic
. 150 g de nectar d'abricot

. 1 petite banane
. 1/2 mangue mûre
. 100 g d'ananas frais
. 1/4 de melon
. 8 fraises
. 1/2 poire
. 4 feuilles de basilic pour la garniture

Préparation : 30 minutes **Cuisson :** 5 minutes
Réfrigération : 2 heures

1 Dans une casserole, versez 40 cl d'eau. Ajoutez le sucre, le zeste de citron vert et la gousse de vanille fendue et grattée. Portez à ébullition, retirez du feu et ajoutez immédiatement le basilic. Couvrez et laissez infuser 5 min.

2 Ajoutez le nectar d'abricot puis passez le tout à travers une passoire fine. Laissez refroidir au réfrigérateur pendant au moins 2 h.

3 Épluchez, nettoyez les fruits et taillez-les en dés d'environ 5 mm de côté. Mélangez-les, couvrez-les d'un film étirable et gardez-les au réfrigérateur jusqu'au moment de servir.

4 Répartissez les dés de fruits dans des coupes ou des verres et nappez-les de jus au basilic. Mélangez et décorez de 1 feuille de basilic. Servez immédiatement.

Minestrone de fruits au jus parfumé au basilic

Zéphyr du verger

Préparation : 15 minutes **Cuisson :** 10 à 15 minutes
Réfrigération : 6 heures

Pour 4 personnes

. 2 pommes de 225 g chacune
. 2 petites poires de 125 g chacune
. 3 feuilles de gélatine
. 10 cl de lait concentré non sucré très froid
. 1/2 cuill. à café de cannelle
. 2 cuill. à soupe de sucre
. 1 cuill. à soupe de jus de citron
. 1 cuill. à soupe de calvados ou d'alcool de poire

1 Faites tremper la gélatine dans un bol d'eau froide.

2 Épluchez les pommes et les poires. Coupez-les en quartiers, recoupez les quartiers de pomme en quatre et les quartiers de poire en deux.

3 Mettez les fruits dans une casserole, ajoutez le sucre et arrosez-les de jus de citron. Couvrez et laissez-les cuire à feu doux de 10 à 15 min, jusqu'à ce qu'ils soient tendres.

4 Égouttez la gélatine avec les doigts et ajoutez-la aux fruits chauds puis mélangez jusqu'à ce qu'elle soit fondue. Laissez refroidir.

5 Mixez les fruits pour les réduire en purée. Ajoutez la cannelle et l'alcool.

6 Versez le lait concentré dans un saladier et fouettez-le au batteur électrique jusqu'à ce qu'il ait la consistance d'une crème Chantilly.

7 Versez doucement la purée de fruits sur le lait fouetté et mélangez délicatement avec une cuillère à soupe. Passez un moule à décor de 75 cl de contenance sous l'eau froide et ne l'essuyez pas, déposez la mousse dedans, lissez la surface et laissez prendre pendant environ 6 h au réfrigérateur.

8 Au moment de servir, trempez le moule 10 s dans de l'eau chaude et retournez-le sur un plat.

Petit plus

- *Présentez des tuiles aux amandes avec ce dessert aérien.*

Salade de fruits frais

Préparation : 15 minutes **Réfrigération :** 1 heure

Pour 4 personnes

. 1 ananas
. 3 kiwis
. 3 oranges
. 2 pommes
. 1 mangue
. 30 g de sucre (facultatif)

1 Épluchez tous les fruits en terminant par les pommes, que vous pouvez arroser d'un peu de jus d'orange pour éviter qu'elles brunissent.

2 Coupez les fruits en gros cubes et mettez-les dans un saladier.

3 Ajoutez le sucre et mélangez le tout.

4 Mettez au frais pendant 1 h minimum.

5 Servez dans des coupelles individuelles.

Cocktail de fruits meringués en sorbet façon vacherin

Jacques et Laurent POURCEL

Pour 6 personnes

Pour la meringue

. 150 g de blancs d'œufs
. 225 g de sucre

Pour le sorbet

. 250 g de sucre
. 125 g de pulpe de framboises
. 125 g de pulpe de fruits de la Passion
. 1/4 d'ananas
. 10 cl de jus de citron jaune
. 20 cl de Perrier
. 50 g de blancs d'œufs
. 600 g de fruits de saison

Préparation : 30 minutes **Cuisson :** 2 heures

1 Pour réaliser une meringue française, montez les blancs d'œufs en neige. Lorsqu'ils deviennent mousseux, incorporez le sucre et montez-les bien ferme.

2 À l'aide d'une poche à douille, faites des spirales de meringue d'un diamètre de 7 cm sur la plaque à pâtisserie du four couverte de papier sulfurisé. Mettez à sécher à four doux (60 °C, th. 1-2). Conservez dans une boîte hermétique.

3 Préparez le sorbet : faites bouillir 25 cl d'eau avec le sucre. À froid, ajoutez la pulpe de framboises et de fruits de la Passion, et l'ananas coupé en petits dés.

4 Arrosez de jus de citron, passez le tout au mixeur puis au chinois. Ajoutez le Perrier et les blancs d'œufs non montés. Mélangez bien et mettez en sorbetière.

5 Épluchez les fruits, taillez-les en fonction de la forme de l'assiette dans laquelle vous allez dresser votre dessert. Superposez les meringues, le sorbet et les fruits.

6 Vous pouvez agrémenter le tout d'un coulis de fruits frais et/ou de feuilles de menthe.

Cocktail de fruits meringués en sorbet façon vacherin

Astuce

• Si vous n'avez pas le temps de réaliser le sorbet, vous pouvez acheter un sorbet aux fruits pour accompagner la meringue et les fruits.

Crédits

h = haut ; b = bas ; m = milieu ; d = droit ; g = gauche

Photos

Toutes les photos sont de Christian Adam/Agence Top, stylisme Catherine Nicolas, sauf :

- premier rabat de couverture b, deuxième rabat de couverture b et pages 5m, 5d, 14hd, 14bd, 15hd, 15b, 16hg, 17hd, 21b, 23b, 25b, 59h, 61b, 69b, 71, 73b, 89, 91b, 95 : Photos Christian ADAM, stylisme Dominique GUSTIN
- pages 27, 67h, 93 : Photos Mikhaël ROULIER, stylisme Emmanuel TURIOT
- première de couverture, premier rabat de couverture h et pages 32, 53 : Photos Olivier MAYNARD

Textes

Les recettes des pages 27, 66h et 93 sont extraites de l'ouvrage *Génération Chef,* publié par les Éditions HACHETTE Pratique

Mangez
équilibré
80 recettes pour
petits budgets

est publié par Sélection du Reader's Digest.

PREMIÈRE ÉDITION
Deuxième tirage
Impression et reliure : Printer Portuguesa
Achevé d'imprimer : décembre 2007
Dépôt légal en France : mai 2007

Imprimé au Portugal
Printed in Portugal